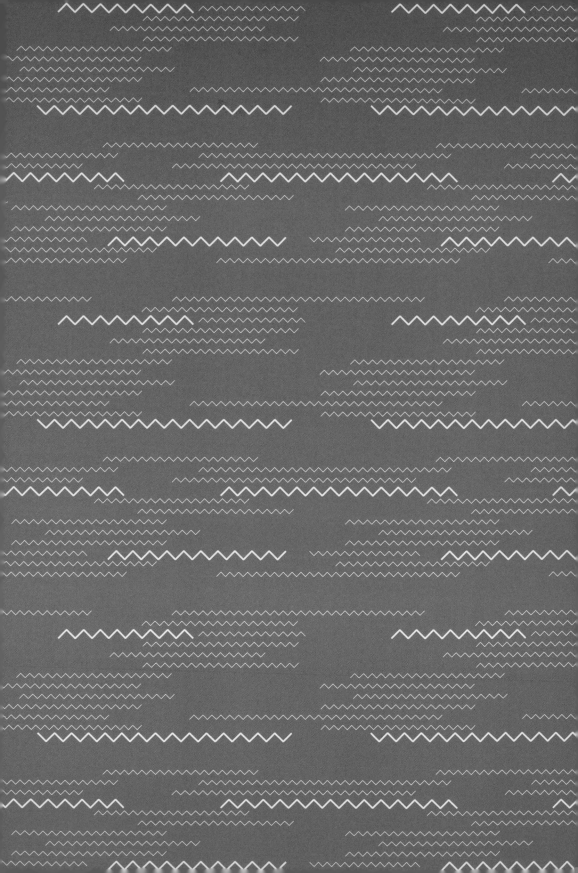

勉強我才會是洪一中自己

THE GAME CHANGER
THE ETHOS OF
I-CHUNG
HONG

洪一中 陳祖安 著

S

目次

CONTEN

推薦序

總教練不是人幹的，但洪一中很有人味

曾文誠／資深體育媒體人

從「喜歡一件事」開始

我喜歡做一件事。

新莊棒球場一樓，左右各有通道可以到達比賽場地，主隊通道左側有個小房間，在我擔任富邦電視轉播工作時期，比賽前我常到那個小房間報到，洪一中總教練會坐在那裡，偶爾還有他的教練團成員在旁，和洪總在那個空間是很棒的一件事。當時的時間點都快開賽了，一個即將指揮作戰的總教頭和準備上主播台的球評，天南地北地聊，沒有在講任何有關棒球的話題，洪總會講他對一些事物的看法，進而論及他的人生觀，有時就迸出一、兩句金句來，那時坐在洪總對面的我，心想著「他講的這些應該要有人寫下來，幫洪總出本書吧！」

對於「洪一中」三個字你直接會想到什麼？即將千勝的總教練、兄弟象第一次三連霸的隊員、還有本壘後方的鐵捕？聯想到這些一點都不意外，因為這就是過去超過三十年洪一中留給大家最直接的印象。但如果這本書還是再重複以上豐功偉業的話，呃……老實說好像沒什麼特別，點開維基百科就好（雖然未必正確），不用再花錢買什麼書，但這本書不一樣，它清楚地將洪一中還原、回到那原本身為人的角色。

強調本書是還原洪一中身為人的本質？是的！我也清楚對多數棒球迷而言，是一點都不在意總教練「是不是人」，即使擺顆西瓜在休息區，只要能贏球就好。但若以此點論之，洪一中也經得起考驗，畢竟是二〇二四年後就即將帶兵千勝的人了。

而我愛和洪總聊天，這就是我喜歡做的一件事。

「喜歡」的交集

我還喜歡看一個畫面。

本書共同作者之一的祖安，有個名導老公盧建彰，我和她們夫妻倆（還有她們的女兒）認識一段時間了。我們兩家不僅是「認識」而已，我們幾乎是三天兩頭在一起，甚至還一起去美國玩了一趟。我和建彰都是同一德性，天真帶點智障，常忘東忘西，祖安則和我太太個性相近，做起事來認真力求完美，然後兩人都是賢妻良母，不管另一半再怎麼少根筋都還是把家打理得很好。常和祖安家人出遊，我喜歡看一個畫面是，盧導一個人走在前面（我懷疑老婆小孩消失三小時後他才會發現），然後祖安就牽著她們的寶貝盧願走在後頭，那個畫面絕對不會讓人覺得，祖安是不是心裡抱怨「X！為什麼小孩都我在帶？」她是很享受的，享受身為人母、享受那幸福的一刻！

沒想到我喜歡做的事和我喜歡看的畫面，居然有交集。

祖安是棒球粉，不算極瘋狂但也快接近，看球歷史從舊味全龍開始，她很得意我在不同場合說過以前龍迷出美女這件事，她不在意會透露她的年齡，只在意有人說她（們）美。現在她的心都在樂天桃猿身上，且支持到碩士論文都以該隊為研究對象，論文題目名為《以利害關係人觀點探討樂天桃猿隊屬地經營之共享價值》，因為不小心成為這本題目長達二十四字的論文口試委員，才首次感受祖安做事認真的一面、認真地訪查、研究資料，最終認真地完成著作拿到學位，甚至還出了兩本可讀性極高的運動（兼旅遊）書。接著她挑戰另一個任務——寫棒球人物，而且還是傳奇總教頭洪一中。

有種說法是，你一再強調某事最後那事會變得平淡無奇。很怕一直說祖安很認真，最後大家會說「好啦！我們都知道」，但她是真的認真（不只說三次了），她下筆之前和洪總訪談無數次，連同周遭親朋好友、洪粉「無一倖免」，查訪資料自然不在話下。

當然如何下筆、完整描繪出洪一中才是最困難的！我直接就先說我看完此書的感想，用一句話代表「那就是充滿人味。」

還是請大家從一位活生生的「人」的角度去切入本書，你就會看到不一樣的洪一中，祖安用直白的文筆，而不是很文藝腔、雲深不知處地寫下這一切，讓所有讀者就好像我那一次次在球場和洪總聊天時所感受到的一樣，看書就像洪總在你面前講話。

喜歡和洪總聊天、喜歡看陳祖安的認真、喜歡閱讀，現在這三件事居然有交集地湊在一起，編成這本好書，實在是太棒了！

那麼洪總在書中「說」了什麼？

真的是「勉強自己」

「我在業餘時代就是一個很普通很普通的選手，年輕時又很愛玩，對跳舞還比棒球這個運動更有興趣，真的是遇到我太太以後，被岳父那樣質疑，我才真的認真覺得要投入這份工作。所以當時如果有人跟我說，我在二十、三十年後能在台灣棒壇有一席之地，打死我也不會相信。」這是洪總說的，是不是很有趣？是不是很像洪總就在你面前說話！

原來洪總年輕時愛跳舞，是舞棍來著，就因為遇到太太才改變他的人生態度，所以在書中強調「有些人會覺得把家庭擺第一的話，工作會做不好，但其實真心把家庭擺第一的人，就會全心投入工作，因為你會想讓家人過好的生活，工作上遇到困難也比較能堅持下來，真心愛家，才能全心工作。」

洪總說「勉強自己」是他的職場座右銘，「我相信自律的態度是讓我能走得比較長久的原因。像是，即使已經當上了教練，不需要像球員那樣訓練，我還是要求自己一定要保持體能，不要讓選手覺得我懶惰。只要總教練都有一定的維持，球員就不能說我只是出一張嘴，自己又做不到。」如果這兩段話還看不出洪一中有多拚的話，那建議你看書中提到他在選手時代為了拚上場忍痛吃藥、冰敷的那段過往，以現在的運動防護觀念當然不鼓勵選手這麼做，但這絕對是洪總能一路走到現在的一貫精神。

洪總也說當一位領導者要先端正自己，「我在球員時期私生活就很自律，家庭是我生活的全部，當總教練以後，更不會有任何把柄在球員手裡，選手再怎麼討厭我，再怎麼講我，都只能講我很嚴格、很機車，但是無法說我這個人有私德的問題，絕對聽不到這些。我的觀念就是無論場上場下都要坐得正，就不怕因為嚴格而被選手討厭，如果私底下亂來，訓練時又嚴格，那選手怎麼會服氣？我相信工作以外的自己，選手完全沒辦法講我。」洪總的話我是可以印證的，真的有選手說他很機車，呵！但絕沒有人說他人品有問題。

這是一本屬於「人」的書，但也能視為一本領導、商管的參考書籍。身為即將成為台灣職棒成立以來首位千勝總教練，洪一中在書裡談了不少教練哲學，這些話語不僅適用於運動場上領兵打仗，也適合在商場上帶人衝刺。

在台灣不少人幹過總教練，但就像人手的指紋一般，每個總教練都不一樣，甚至可用形形色色來描述。

總教練好壞如何評定？成敗論英雄、戰績說話是普世標準，以此論之，洪一中自然可以定義為成功的總教練，但從他親自口述轉化成本書的文字就能發現，洪一中並不自以為就是外界口中的那位「諸葛紅中」，反而他直言：「總教練不辛苦、總教練是痛苦的」、「一天要下五十四次決策的工作」，簡直不是人幹的工作，但他還是有自己一套洪式帶兵哲學，那就是「我是來贏球，不是來贏人心的」，或者是「學長好、教練團合、球隊就會強」，看到洪總這麼談論，或許可以解釋出書前，那件轟動武林的樂天、台鋼交易案的思考邏輯。

洪總帶兵數十年，自然也清楚結果才是一切的道理，所以他說出「決定沒有對錯、只有成功不成功」、「贏球治百病、輸球一身病」這樣的體悟和話語。而且還不忘也學一下鄉民酸那麼一句「最強的總教練在ＰＴＴ上」，實在令人莞爾。

推薦序

哲學家洪總

呂捷／知名主持人、歷史老師

開球開啟寫書的緣分

二〇一五年我受邀到 Lamigo 主場開球，是我第一次跟洪總接觸。或許是因為從小就喜愛棒球的關係，也或許是機會難得，我跟以往的開球嘉賓不太一樣，六點半的比賽，一般嘉賓大概六點到球場，再早頂多五點半到球場，我兩點半就到了，我還自備球具。

開賽前我跟副領隊浦韋青說：「我可以用野茂英雄的姿勢開球嗎？」他大概以為我在開玩笑吧，回我：「老師啊！你要用茂野吾郎的姿勢投球我也不管你，受傷了我們這裡有防護員處理。」

當天我用傳奇球星野茂英雄的姿勢投出時速一百零七公里的球速，成為當年球速最快

的開球嘉賓，隔年竟收到球團的邀請參加春訓。往後幾年我三不五時就會出現在Lamigo球場，跟洪總也越來越熟。

是的，當初是我用力鼓吹洪總出書！因為他值得，也絕對夠格！

身為中華職棒最多勝的總教練，不夠厲害嗎？那你聽好，從二郭一莊時期開始蹲捕，一直蹲到王建民、曹錦輝當國手，這夠厲害了吧！我是洪總的球迷，也是洪總的朋友，我真的是看著洪一中長大的。

依照自己挖坑自己跳的原則，我寫了這篇推薦序。

我向洪總學習到的……

棒球是個複雜且全面的運動，其中包含了投、打、跑、守、場地、戰術、裁判喜好，以及上述所綜合起來的突發狀況。我看球、我也打球，我甚至跟職業球團一起練球，但我依舊不敢說我懂棒球。

認識洪總後，他幫我上了三堂棒球哲學課：選手哲學、教練哲學與走出球場之後的哲學，也就是這本書裡讀者會看到。而這三堂課是一系列由小到大、由淺至深的人生課題，不管你在哪個航道都會遇到，簡單來說就是「工作、管理和面對自己的生命課題」。

洪總球員時代是捕手，他與球場上其他八位守備員完全不同方向，是按下比賽開始按鈕的那個人。為了引導投手把球投好，讓野手有機會把能處理的球處理好，所以他在賽前要研究對方打者的打擊習性、優缺點，並根據我方投手的能力、當天的狀況以及場上好壞球的球數、壘包上有沒有跑者？跑者的腳程快不快？會不會盜壘？現在是領先還是落後？綜合以上條件做出有利的配球，並且依照配球與打者的習性，依此預判打者可能的擊球結果，指揮場上的野手布陣。

洪總身為捕手，就是為了解決打者而生，就是比賽的指揮官，要帶頭解決二十七名打者。縱觀洪總的選手生涯，他是「永遠的鐵捕」，連續蹲捕兩千局，為球隊守住本壘的最後一道防線；二〇〇一年的世界盃，還以四十二歲高齡繼續鎮守本壘大關，帶領中華隊打出一場又一場令人感動的比賽。

兩年之後，他開啟了教練生涯，是更燦爛的篇章，目前累積九百九十一勝，是中華職

棒目前的紀錄保持人，千勝大關只是時間問題；目前這個紀錄，看來十年內都很難有人超越了。

選手的工作是把球打好，而總教練的工作是把選手組成一隻會贏的球隊，但生命的課題呢？要怎麼樣才算好？

關於生命的課題，洪總給了一個答案——家庭。本書每一個章節，洪總在聊棒球人生的時刻，不管是業餘、國手、職棒到執教生涯都會突然出現夫人與小孩。我想支持洪總征戰球場的動力不是輸贏，而是家庭，這是最令人感動的，這樣一位在球場上拚搏的鐵漢，是多麼熱愛他的家庭。

我讓洪總「拋妻棄子」

然而，我要講一個值得驕傲的事！

二〇二〇年洪總轉隊到富邦悍將執教，那一年富邦的秋訓在淡水。洪總得知我也搬上台北，邀請我到淡水走走，看哪天我有空要去，那天他就住宿舍，不回桃園陪妻小。我開玩笑地講，我就是那個能讓洪一中「拋妻棄子」的男人。

認識洪總多年，跟他聊棒球是一件愉快的事，聊天時他總是用詼諧且幽默的方式表達他的棒球哲學與台灣特殊棒球生態的見解，如今他出了人生的第一本書。小時候他用成績帶我走進棒球的世界。這一次，他用文字帶大家走進「洪一中的棒球人生」。

推薦序

我欽佩的鐵捕

賴清德／副總統、民進黨主席

有在看台灣職棒的朋友，對洪一中總教練，絕對不會陌生。他曾是兄弟象的當家捕手、又是職棒史上勝場數最多的總教練，外號「諸葛紅中」。他掌管球隊的實力，不僅深獲球迷肯定，連對手都要敬他三分。二〇二〇年他更獲頒教育部體育運動精英獎的「最佳教練獎」。

洪總是一位高度自律、非常在乎家庭的人。從職棒球員開始，他堅持每天運動、自我要求很高，盡可能保持全勤、不遲到也不早退，完全能撐起「鐵捕」和金手套獎的稱號與榮譽。

更讓人欽佩的是，無論再怎麼忙碌，洪總都堅持把家庭放在第一位。他的三位孩子，都各自有不同但幸福的人生，這也仰賴洪總和太太的教養觀：花最大的力氣陪伴、但也給下一代最大的尊重。

看到洪總在結婚隔天一大早，就返回球場，還上了新聞這段時，我也不禁莞爾，球員與教練的生活，和政治人物其實很像，早出晚歸、隨時都可能需要待命。但對自己生活有原則的洪總，即使工作到了深夜，還是會堅持返家一趟、再從家裡出發去上班。「家庭和工作」雖然是很多人人生的選擇題，但洪總有辦法當成複選題，這點也讓我相當欽佩。

洪總的執教觀念，不僅適用於球場，也可以推薦給所有領導人參考，無論是帶領一個小組的小主管、或是領導萬人企業的執行長，在面對領導對象時，都不免會有交心做朋友、或嚴厲當長官的二分法。而洪總成功的心得與祕訣，很值得領導人參考。

我也認同洪總對於台灣棒球產業的意見，任何運動產業，不僅要有良好的職業環境，讓各層級的學生、運動員，都有向上爭取更佳表現的希望；也必須在社區、基層養成運動的習慣。「政府應該用政策引導基層運動、用經費去投資職業環境」是洪總給政府的建議

和期許，也是我未來推動體育發展努力的方向。

棒球是一項教我們永不放棄，在挫折中成長的運動，對於已將棒球當成人生志業的洪總來說，相信更是如此。我也曾在電視前，為洪總執教鞭的國家隊加油打氣，雖然我是統一獅的長期支持者、但身為台灣棒球的資深球迷，我還是期待，對手休息室裡背號二號的洪總，可以拿下他執教鞭的「千勝時刻」，成為台灣職棒史上第一人。

也期待讀者可以從洪總在書中所分享的寶貴棒球與人生經驗中，汲取智慧精華，找到屬於人生的堅持與追求，為台灣社會帶來更多的正能量。

推薦序

傳奇人物真心話

蔡其昌／中華職棒大聯盟會長、立法院副院長

此刻，敲碗千勝

我想只要有在關注台灣棒球，不可能不知道洪一中，從球迷口中的「一代象」開始，他就和台灣的棒球畫上等號！當然，還有其他的棒球前輩也是同樣在大家心中呈現等號狀態，不過要說起從職棒元年算起還是「職棒現役」的傳奇人物，洪總絕對在我心中的首位。

快要跨過千勝的職棒總教練，身為職棒會長的我，期待他千勝的到來，我一定會想辦法參與這樣的時刻，因為對於也是球迷的我來說，這是重要的事！不過，大家應該會好奇總教練面對勝負的看法是什麼？自己又如何看待總教練這個職務？如何看待奉獻半輩子的棒球？

讀完這本書後發現，讓我更懂洪總教練，整本書滿溢讓我感受到真實的溫度，真實的情緒和態度，更有能借鏡的觀點，對於人生職場會有一番理解看法，我推薦不管是選手、球迷，甚至不看棒球的國人都能看看。

獻給家與國的棒球人生

細讀整本書，除了對總教練的很多事情能有更多了解外，更讓我驚豔的是他談到家庭的部分，說到了和太太的邂逅，和三個寶貝女兒的互動，說到家庭給他的力量，包括他和夫人的父母親家庭、自己的家庭，都是面對壓力和分享成功、失敗的地方。

洪總在書中回顧了他的棒球生涯，從加入業餘兄弟飯店隊開始，經歷職棒成立的輝煌及黑暗的簽賭時期，轉到台灣大聯盟後再回到中華職棒，甚至把這些年每天的行程都分享出來，他自稱是「數十年如一日」，我想很多人會對這樣的千篇一律感到無聊，但對洪總教練來說，永遠最核心的還是家庭，書中甚至還有夫人及小女兒現身說法，更能支持他的核心價值。

書中也分享自律、分享謙虛的自信，還有執著和盡力，以及公、私分明的工作態度等等，很多真實的洪式生活哲學，都值得去閱讀、去感受，沒有修飾、真實呈現總教練內心想法的書。

洪總也在書中提出給台灣棒球的真心話，對現在身為會長的我來說，很值得參考研究，國家應該要如何培植棒球文化，企業老闆應該怎麼看待職棒產業，球團應該要如何營運，這些內容我也都會認真和聯盟同仁討論，看看怎麼做會是最好的。

這是本很值得閱讀的書，可以明白職棒球員、教練心路歷程的紀實，更是一本可以學習、借鏡、參考的書，推薦大家一定要看。

CHAPTER 1

為家庭而戰

洪總的人生哲學

洪一中十六年來不斷努力，家庭是他堅持下去的動力，讓 Lamigo 桃猿終於贏得了三連霸。

1-1

家庭第一，工作更專一

凌晨四點抵達高雄的阿囉哈客運

冬夜，台北萬里獨棟別墅裡，球團老闆在球隊成軍的第一年，特別親自下廚，開開心心宴請自家教練團，慰勞大家一整年的辛勞。

席間老闆與同仁們閒話家常，沒有多聊球隊的事，因為明天才要開正式的內部會議，現在老闆只想好好以美食佳餚款待為他打拚的教練們。

多數教練團成員都住在北部，只有總教練的家在高雄，不過最晚一班飛機是晚上十點半，一頓飯的時間應該綽綽有餘。他在餐後看了一下手錶，果然才晚上八點，很好，如果現在去松山機場，應該很快就可以回到有三個可愛女兒的女生宿舍了。

但是老闆好開心，餐後又拉著大夥泡茶聊天，分享彼此生活聊個沒完，他也不好意思隨意離席，只能心急地一直查看手錶，漫不經心有一搭沒一搭地答話。八點零七分、八點十五分、八點三十二分……，每個分針的移動都很煎熬。終於，九點零五分，老闆起身謝謝大家，太好了，可以趕上最後一班飛機，總教練謝過老闆後就急急忙忙下樓。

「大家請往視聽室移動，想給你們看看我弄的音響設備，大家一起聽聽音樂放鬆一下。我這個喇叭是……」。身後傳來老闆熱情分享的話語，總教練只好放棄飛機，轉身向旁人詢問最晚一班火車的時間。老闆發現後，立刻提出可以幫總教練就近訂飯店，明天還要在台北開會，要他不用這樣舟車勞頓。

步出別墅已是午夜時分，飛機和火車都休班了。「不要載我去飯店，載我到後火車站就好。」總教練出聲拜託開車的領隊。即使現在搭上二十四小時營運的阿囉哈客運，到高雄也是凌晨，明早還要再回到台北，總教練仍堅持返家。

從老闆的豪華宅邸回到自己的溫暖小窩，已經是凌晨四點，太太和女兒們早已入睡，看一眼她們熟睡的臉龐，總教練滿足地躺上床，調好鬧鐘，準備隔日搭最早一班飛機去台北開會。

沒認識太太，我可能只能當舞棍阿伯

雖然一輩子都從事棒球這個工作，但是我心裡面家庭永遠是第一。重視家庭這個價值觀，也不知道是怎麼形成的，我是個高雄囝仔，原生家庭很傳統平凡，我從小三開始參加校隊打棒球，小五因為全家搬去前鎮，離鼓山國小太遠，還曾經住在老師家半年，後來國、高中都在屏東美和中學，大學讀台北的文化，當兵是空軍在屏東基地，所以等於從十一歲之後就沒有住在家裡了，和父母、手足能相聚的時間很少，對於一個家庭應該要有的樣子，其實沒有什麼概念。而且我年輕時很愛玩，靠打棒球升上大學之後，沒有想要繼續從事棒球這個運動，畢竟我那個年代還沒有職棒，打棒球的未來沒有太多好出路，我也不是什麼有名氣的選手，覺得可能就是當完兵後隨便找個工作做就好了。從小到大都在打棒球不太需要讀書，上了大學更不可能喜歡念書，所以整個大學生活都在玩，文化大學舞會又特別多，一天到晚都在跳舞。有一個學弟家裡有一台日本原裝進口的摩托車，一到假日，我們就騎著那台摩托車，基隆、新竹到處跑，那時候台北有很多舞廳，下午茶一個人兩百元，一去就可以在那裡跳一整天。當時我練就了一身舞技，可以算是舞林高手的程度。

這樣的我，同學都覺得嫁給我不太會幸福，我對愛情也的確看得很淡，在我的字典裡，沒有什麼叫做失戀，喜歡就在一起，不喜歡就分開，我也不會因為特別喜歡妳，分開就會特別難過。但是不知道為什麼，我有一個觀念是，一旦結了婚，我就要對這個關係負責，婚後就不應該再玩了。所以認識太太是我人生很大的轉捩點，讓我對「家庭」這兩個字，從毫無想法到極度重視，也因此完全影響我的職業生涯，讓我和棒球這輩子都連在一起。

和太太結緣也和棒球有關，本來打算當完兵去找一些和棒球無關的工作，剛好榮工棒球隊打來，問我要不要去，薪水一個月有兩萬元，我就想說去看看好了，沒想到隔幾天曾紀恩教練又打給我，問我要不要去兄弟，我問薪水多少，一個月居然有三萬元。我就跟父親說兄弟待遇比較好，我要去兄弟，但是父親根本沒聽過兄弟飯店，只知道榮工，榮工比較大又穩定，希望我去那。但我心想，我這種能力的選手去打業餘隊，有可能去一年後就

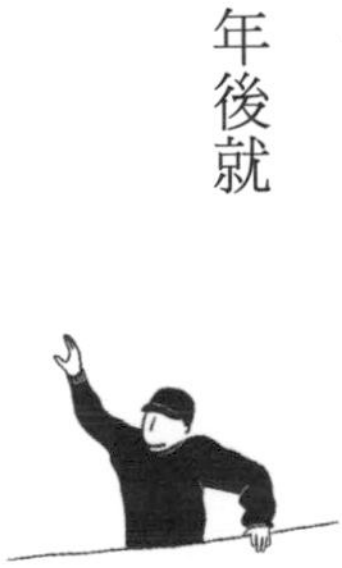

被釋出了，如果去不同的球隊一樣都只能打一年，當然選薪水高一點的。後來確實待遇很好，第一個月三萬，第二個月就調到三萬二，第三個月再調到三萬四，只是後來和我預想的頂多只能賺一年不一樣，還賺進了中華職棒，更重要的是，賺到了一個好太太。

我在六月三十日退伍，七月一日開始到兄弟上班。那時候剛從高雄上來，人生地不熟，一個人隻身在台北沒什麼朋友，住在宿舍，到了晚上無聊沒地方去，就只能到福利社混，因為那邊有一個撞球台，還有電視，可以有點娛樂活動。我太太當時在兄弟飯店的採購部工作，採購部裡有幾個小姐，要在下班前一小時輪流到兄弟宿舍的福利社值班。她經常看我一個人在員工餐廳吃飯，就有點好奇，但也只是偶爾會聊一下天。直到有一天，公司在聖誕夜辦舞會，我就找她一起跳舞，結束後問她要不要送她回家，她說好，我們就這樣開始交往了。

交往一、兩年後到了適婚年齡，我們就談到要不要結婚，我太太的家庭和我很不一樣，經常聚在一起吃飯，全家感情很好，即使各自組成家庭也還是一樣，所以家庭觀很重的她，很願意與我也組成一個家。只是岳父一開始有些反對，他說，「妳要嫁給洪一中？他如果沒有打球能做什麼？」當時我也沒辦法反駁，我心想也對，我沒有打球能做什麼？除了打球之外最拿手的就是跳舞了，可是會跳舞可以找到什麼工作？幸好太太還是堅持跟我結婚，岳父就沒有太阻止了。

我在業餘時代就是一個很普通很普通的選手，年輕時又很愛玩，對跳舞還比棒球這個運動更有興趣，真的是遇到我太太以後，被岳父那樣質疑，我才真的認真覺得要投入這份工作。所以當時如果有人跟我說，我在二十、三十年後能在台灣棒壇有一席之地，打死我也不會相信。

當時我能夠在兄弟隊待下來，完全是因為認識了太太。其實我不是曾紀恩教練的首選，因為出身軍旅的曾教練，在球界出了名的嚴格，嚴到被大家稱為「教官」，所以很多人聽到是他當教練就不敢去，才會開缺。結果我去了以後，真的是非常辛苦，過得比當兵還要慘，練球照三餐，吃一餐就要練一餐，六點起來晨操，七點吃早餐，八點練球練到十二點午餐，下午三點再練到五點，六點吃完晚餐以後九點要揮棒、十點熄燈。回到宿舍想看點書，還要用毛巾把門縫封起來，不然會透光，教官走過去看到就知道你沒有睡覺，抽菸也

要偷跑去沒有人的樹下躲著抽，不然就是窗戶開了用電風扇吹出去，很軍事化的生活。以前也沒有什麼反抗心理，規定怎樣就怎樣。那時候每天都不想再練下去了，但也在那時候認識我太太，有女朋友在身邊，就不想走了，再加上岳父的質疑，讓我開始認真了起來，才能一路堅持到現在。

所以每次我們夫妻鬥嘴的時候，太太最常講的一句話就是，「你沒有我就當乞丐了啦！」（說不定會是很會跳舞的乞丐啊！）

真心愛家，才能全心工作

有些人會覺得把家庭擺第一的話，工作會做不好，但其實真心把家庭擺第一的人，就會全心投入工作，因為你會想讓家人過好的生活，工作上遇到困難也比較能堅持下來，我從兄弟開始經歷曾紀恩教練的嚴格，一路到挺過當總教練的痛苦壓力，都是因為有家庭支撐著我繼續。相對的，把工作擺第一的人通常會忽略家庭，等到家庭出問題了，反而也會影響工作表現，而且往往不知道自己要怎麼堅持下去。所以我很討厭聽到有人說，「我不知道為誰而戰」，我都會跟他說，「當然是為家人而戰啊。」

二〇〇三年因為之前跳槽到那魯灣公司的台灣大聯盟，而受到「叛將條款」限制不能回到中華職棒聯盟那一年，女兒們才小學，我有點擔心未來，所以努力練體能，希望有一天能打回中職。如果有人找我去當球評，我就很高興很有活力，因為可以養家活口。還好漂泊的時間不長，La New 企業的劉保佑老闆就幫我付了叛將條款回饋金，找我去中職的 La New 熊隊當教練，隔年還讓我升為一軍總教練，真的很感謝他。後來二〇〇九年因戰績不佳下二軍，過了一個球季又回一軍的那段時間，因為球隊有球員涉入簽賭案，每一天都不知道自己帶的球員打真的還打假的，一看到有什麼不對我就換人，球員對我有很多怨懟，彼此失去信任，又要扛輸贏的責任，我過得非常痛苦，到球場好像要到地獄，都會拖到最後一刻才出門。當時我經常跟太太說，要不是為了這個家，我早就不做了，真的快沒有力氣再做下去，幸好有家庭在我身後，讓我知道自己為誰而戰。

太太從結婚那一刻開始，就一直把家照顧得很好，等於讓我可以全心投入工作。當球員的太太是很辛苦的，我們的結婚紀念日是四月十七日，也是一九八八年我第一次入選國家代表隊要報到的那一天。當時我還是業餘隊，通常業餘都是在一個大的盃賽後，會放一段比較長的假，一個星期或十天，所以我們才會選在那時候結婚。因為那時候我沒什麼名氣，根本不奢望可以當上國手，沒想到居然入選了，不知道是不是所謂「娶某前」的好運降臨。雖然夢想達成很開心，可是一看到報到單上面寫四月十七日報到，差點昏倒，偏偏那天要結婚，而且有看好一個時辰是下午三點太太要進門。幸好左訓中心和家都在高雄，所以我下午一點左右先去報到，然後跟林家祥總教練說下午要請假，林總問我為什麼一報到就要請假，我說因為我需要去結婚，他一聽就笑說怎麼那麼剛好，不但馬上答應，還說那晚上全隊一起去參加喜宴。喝完喜酒隔天早上七點，太太回台北，我就回去集訓，我們集訓先到溪頭，又到墾丁，最後到美國，集訓結束先去參加義大利世界盃，然後去漢城（現在的首爾）打奧運，最後還去阿根廷比第一屆國際棒球總會會長盃賽。從四月十七日一路到十二月底，可以利用放假回家的時間加起來不超過一個月，這就是第一年的婚姻生活，所以我太太身分證後面有一張標題寫著《洪一中洞房別嬌妻》的新聞剪報，之後如果吵架她就會拿出來給我看，我馬上閉嘴。不過也還好當時一結婚我有入選國手，岳父就比較放心我的前途。

進入職業隊以後，女兒陸續出生，我太太都會陪小孩睡，因為她怕吵到我。打完球回到家經常都十一點多，再洗個澡、弄一弄、吃個東西，可能要超過凌晨兩點了，比賽帶來身心的亢奮和高壓思緒，躺下去又不一定馬上能入睡，有時候甚至到三、四點才能睡著，所以至少都要睡到中午才會夠。我太太每天早上醒來，小孩抱著就去菜市場，然後逛到買午餐回來。二女兒出生後就是帶兩個出門，一個抱著一個牽著，小女兒出生也還是一樣，一個人帶三個出去，從來不去影響我的作息。我要出外比賽，她還會幫我整理需要的東西，所以到現在，她常說她要照顧四個小孩，我就笑說這要怪她自己，她弄得我變成生活白痴，家裡什麼水電、瓦斯費那些事都不懂，重要文件或存摺放在哪，連提款密碼我都不知道，房子、車子都是她的名字，家裡的帳也都是她在管，我需要用錢時再跟她拿。

若是我在比賽，家人有任何狀況太太從來都不會跟我說，有一次大女兒拿我穿手套用的鐵絲去插插座，電到馬上送急診，這麼大的事也是等到我回家後才知道。看著女兒的小手臂有一整條灼痕，除了心疼女兒也很不捨太太，想到她當時一定非常驚慌害怕，可是棒球員就是無法時時陪在家人身邊，我只能更努力工作，讓她們有更安全舒適的生活環境。二〇〇八年我帶中華隊爭取奧運八搶三資格，我們和澳洲隊在斗六棒球場比賽，當時我媽媽出車禍，也是太太在跑醫院，照料大小事，比完賽才告訴我。一直以來發生什麼事，只要我在比賽，她都是自己處理，讓我能夠專心比賽，真的很感謝她。

當然太太願意這樣支持我，也是信任我一直努力工作讓家人過好生活。我的生活很簡單，就是家裡到球場、球場到家裡，我幾乎沒有什麼交際應酬，工作以外所有時間全部都給家庭了。三個女兒從小到大的事情，像是運動會、畢業典禮那些活動，只要有時間我一定都會參加，一直到現在她們工作上有需要幫忙接送，我在家一定是我去。生日或任何節日，如果遇到球季，我們就會討論提早到哪一天有休假時一起過，幸好太太生日是十二月，從來不會錯過。休假經常全家一起出去玩，球隊贏球出國也一定是幫她們請假帶去。所以除了留著身分證後面那張剪報和偶爾鬥鬥嘴，太太對我的工作選擇從未抱怨過。

家庭對我而言太重要，所以我真的不太喜歡住外面，除非連續客場真的沒有辦法，否則不管多晚、多遠我都會回家。像是以前 Lamigo 桃猿隊在嘉義春訓的時候，即使只放假一天我也一定回桃園的家，回到桃園後照理說應該前一天晚上就要回嘉義，因為隔天一早要集訓，比方星期日休息，當天晚上應該要回去，準備星期一大清早，差不多七點到球場，但我為了可以多留一個晚上，都是星期一早上五點前就開車出門，直接開到嘉義球場等人開門讓我進去。

三個家庭帶我成為人生勝利組

我的原生家庭也是讓我能繼續在棒球這條路上的支柱，我從小三開始打棒球，但其實小學畢業上國中的第一年，就想放棄棒球了。本來我成績還不錯，因為我的邏輯很好，數

學幾乎都是一百分，考八十八分還會被老師撕考卷。參加校隊時是真的被當專業選手在訓練，小學六年級又是少棒最重要的時期，那時完全沒有在上課，一直練球練到晚上學校都沒人了。日子實在太苦，又自覺沒什麼天分，所以到國一完全不想再打球，但是小六荒廢課業一整年，到了國中上課完全聽不懂，聽不懂就更沒興趣，就整天跟學長去撞球間，我父親看我這樣玩下去不行，才去拜託棒球名校美和中學的教練收我。

父親從小就很疼我，也一直很支持我打球，以前兄弟隊到高雄比賽時他常來看我打球。我們感情很好，我從小離家打球很少回家，所以只要回高雄他都把我顧好好，他知道我喜歡吃鱔魚麵，就把錢寄在我常去的那家店，跟老闆說「只要我兒子有來就讓他吃」，他自己捨不得吃，看著我吃就好，就是老爸疼小孩的那種樣子。

很遺憾父親在我當選手時就離開了，他沒有看過我當教練的樣子。我每次帶中華隊，拿到好成績的時候就會想，假如他還在，一定會很高興，當父親的有一個兒子很有成就，一定很有面子。就像以前在兄弟隊的時候，多少有點名氣，和親戚聚會或是參加婚宴，他都會找我一起去，在朋友面前介紹洪一中是他的兒子，他為我感到驕傲，這個感覺我是知道的；所以當時選擇離開中職到那魯灣，主要就是因為父親，他當年身體已經不太好，跟我說一樣是打球為什麼不回到高雄來，剛好那魯灣有這個機會。我到那魯灣唯一開出的條件就是一定要去雷公隊，因為主場在高雄，也因為這樣，我才能把握和父親相處的最後一年多，事後回想都會覺得好在我有回高雄，所以若是人生重來，即使知道會被稱為「叛將」，我還是不會改變我的選擇。

母親也很支持我打球，一直以來能夠接受兒子不在身邊也不容易。她本來身體很健康，是個忙東忙西閒不下來，每天都要去爬山的人，但二〇〇八年那天早上要去爬山時不慎出了車禍，傷到骨盆行動就比較不方便，身體每下愈況，不過也是到八十幾歲才離開。母親走的那一天，剛好是中職的明星賽打到第八局，弟弟打來說媽媽有點危險，我趕快請假和太太開車趕回去，但是開到一半時，弟弟就打來說不要急慢慢來，媽媽已經離開了，雖然來不及見最後一面很難過，但覺得媽媽這個病拖很久了，對她而言也是一種解脫。

與父母親的緣分比較淡薄，但他們絕對是支持我的力量，原生家庭和自己的家庭對我來說都很重要，還有岳父母的家庭生活也讓我心生嚮往。

我很喜歡太太家的氣氛，在外面是很少見的，岳父還在的時候，每天晚上全家四個兄弟姊妹都會帶著孩子回家吃飯，女兒、媳婦輪流煮飯，小朋友玩在一起，像菜市場一樣很熱鬧。岳父岳母感情也很好，他們會坐公車去十分寮的一塊地種田，過很健康的生活，很遺憾岳母有一天不小心摔倒，岳父隔年就走了。岳母現在長年臥床，我太太和三個兄弟姊妹仍每天輪流去看她，和媽媽說說話、按摩、擦乳液，把她照顧好，我看了非常感動。

我很感謝三個家庭帶給我的人生，父親的導正、太太的支持、岳父的激勵，讓我在棒球界還算有點成績，也還可以繼續打拚下去。父母親和岳父現在都安息了，自己和太太加上三個女兒緊密地生活在一起，可以有點像太太娘家那樣熱熱鬧鬧，我感到十分滿足。至於總是會被談論的執教一千勝，有當然很好，沒有真的也不會在意，我還是相信只要把家庭擺第一，工作自然就會做得好，棒球對我來說只是一份為家庭而戰的工作，擁有美好的家庭才是人生最大的勝利。而關於美好家庭我沒有什麼偉大的願景，只希望能繼續像現在一樣，然後將來退休後我和太太都身體健康，開著小車子到處跑，要上山就上山、要下海就下海（或是一起跳跳舞）這樣就很好。

洪總的家庭觀

◆ 真心把家庭擺第一的人，就會全心投入工作，因為會想讓家人過好的生活，工作上遇到困難也比較能堅持下來。

◆ 一旦結了婚，就要對這個關係負責，婚後就不應該再玩了。

◆ 我的生活很簡單，就是家裡到球場、家裡到球場，幾乎沒有什麼交際應酬，工作以外所有時間全部都給家庭了。

◆ 棒球只是一份為家庭而戰的工作，擁有美好的家庭才是人生最大的勝利。

1-2

我每天都在過父親節

和中華職棒一起長大的女孩們

在過去多是公營事業擁有棒球隊的年代，一九八四年台灣一支由私人經營的乙組成棒「兄弟飯店隊」成軍，經過升組賽後升至甲組，並以優異戰績稱霸棒壇。而後，創辦人洪騰勝先生開始積極奔走，與味全、統一以及三商，共四家企業分別組成職棒球隊，促成台灣第一個職業運動聯盟誕生，「中華職業棒球聯盟」於一九八九年十月二十三日在兄弟大飯店舉行成立大會。同年十一月，兄弟象隊當家捕手洪一中的大女兒在台北內湖誕生。

一九九三年九月二十五日，兄弟象隊迎戰俊國熊隊，剛剛在兩週前喜迎二女兒出生的兄弟象隊球員洪一中，賽前得知中華職棒已累積至九百九十九支全壘打，即使自知非大砲型選手，而且全年也只有兩支全壘打的他，仍和隊友開玩笑說，「娶某前、生子後，我覺得聯盟第一千支全壘打，會是我打的。」果然是「鐵捕神算」，說到做到，二局下

一、二壘有人，兩好球後洪一中抓住投手威爾的一記內角球，一棒揮出左外野全壘打牆外，千金助千支。鐵捕沒算到的是，這個女兒是洪家第二位千金，所以他在七局下又再敲出一支全壘打，單場雙響炮，共包辦了聯盟第一千支及一千零一支紀錄回家。

二〇二〇年六月十六日，新北市新莊棒球場，一位熱血女球迷拿著花束，看著她最崇拜的中華職棒傳奇總教練、富邦悍將隊總教練洪一中在場上致詞。這是球團為剛剛拿下執教九百勝的他，所舉辦的表揚儀式。洪一中在達成中職七百一十六勝最高紀錄後，就繼續推高這個天花板，如今已達到後人難以超越的九百勝。即使洪總成就如此之高，在輸球時仍要受到許多球迷的責難，這位女球迷也不例外，不過比起只會躲在鍵盤後面指三道四的網路酸民，她總敢當著洪總的面批評其調度，所以被洪總尊稱為「副總」教練。畢竟她是全家最愛看棒球的孩子，和爸爸最有話聊，帶給爸爸許多快樂，好去面對場上的種種壓力，所以這九百勝也有她的功勞，她是洪一中的小女兒，主持人邀請她到場獻花。

賴在女生宿舍，是我最愛的休閒活動

我努力讓家成為太太和女兒們的避風港，她們也讓家成為我的避風港。

曾經有媒體在父親節賽前採訪我，問我父親節總會遇到要比賽無法過節怎麼辦？我笑著回說，「我每天都在過父親節。」這不是什麼安慰自己的說法，我真的覺得自己每天都很享受和女兒們膩在一起的時光，即使現在三個孩子都出社會工作了，我們還是全家人住在一起，對我來說，她們的存在給我每天像在過節的感受。

三個女兒剛好都差四歲，大女兒是在我從業餘轉職業時出生，讓我更堅定要好好為家庭打拚；二女兒的成長和我在兄弟隊的成長同步，一路陪著我邁向職業生涯的巔峰；小女兒則是在我轉到雷公隊的時候報到，給我追求更上一層樓的力量。回首看看我的球員生涯，三個小孩都是我的幸運星。

除了帶給我好運氣，最重要的是她們給我的動力。在她們小的時候，如果心情鬱悶或是感到壓力，我就會和小孩玩，她們可以帶給我源源不絕的快樂，又能幫我轉移注意力。女兒們長大懂事後，更可以陪我聊天放鬆，陪她們做任何事情，都是很自在的，都不用去想我這句話講出去後會不會有什麼影響。不過也因此讓她們承受我所有不好的情緒，每次如果輸球回家，客廳就沒有人，因為她們看轉播就知道結果，到隔天早上大家才會裝沒事和我講話。不過沒辦法，只有回到家的那個時候，我才可以卸下所有的武裝和思緒。

我總是在家待到最後一刻才去球場，好像要把女兒給我的電力，充飽充滿才行。

所以打球打那麼久了，我還是不太習慣住外面，非常討厭打客場。Lamigo 桃猿隊把主場搬來桃園時，我雖然是一個很不喜歡和家人分開的人，但是因為母親，還是讓太太和孩子繼續住在高雄，可以就近照顧媽媽，每次她有什麼需要，太太都會馬上去處理。我自己住在桃園宿舍有好幾年的時間，但是對附近一點都不熟，因為我很少出門，我的生活就是球場和宿舍，一放假就衝回高雄，自己一個人就哪裡都不會去。

後來是因為小女兒大學讀銘傳，我想說既然她要來桃園念書，大女兒和二女兒也都大學畢業了，那就乾脆在桃園租房子，全部搬上來，總算又全家團圓。我也才會因為帶孩子

出門，才開始比較認識桃園這個地方。不過高雄的房子還是一直留著，因為我們還是要常常回去看媽媽，高雄家因此空了好幾年，直到母親過世，我才正式在桃園買房子。

從小到大女兒們就很習慣，我們到哪，就帶她們到哪。兄弟隊時期我們一直住在台北，我要轉到雷公隊時，問太太願不願意和我一起搬到高雄，她馬上說好。太太的家庭就是都在一起，兄弟姐妹結了婚以後都還是住在附近，走路一分鐘就回到家，所以她很習慣全家盡量都能夠在一起，這點她比我還更在乎。

太太是那種把小孩子看很緊的媽媽，把女兒們都照顧得好好的，我要插手弄什麼她都不會放心，我摺衣服她就會念「不是這樣摺啦！」我只要動過什麼，她都會知道，「這個你動過吼！你都不放好！」所以漸漸地我乾脆什麼都不做，她都叫我老爺，「老爺你回來囉！老爺你坐著看電視就好。」可能她把我們都顧太好，家裡太舒服，彼此太緊密，三個女兒到現在都還沒有結婚，不過太太覺得一點關係都沒有，她常說，「三個女兒都在身邊不是很好嗎？」我當然也非常同意！

我跟太太都喜歡全家一起熱熱鬧鬧的感覺，要不是當年覺得球員經濟狀況不穩定，我真的很想多生幾個小孩，不是為了要生男生，只是因為我實在太喜歡小孩了。我本來是生兩個女兒就覺得很OK，但是太太想生兒子，我就跟她說，要生第三個我沒問題，我那麼喜歡小孩，但我絕對不要去做什麼求神問卜，弄什麼生兒子的偏方，他有那個緣分來當我兒子很好，沒有也沒關係，自然而然就好。太太也同意我的想法，第三個果然還是女兒，女兒也很好，結果小女兒最喜歡看棒球，和我最有話聊，我們經常一起看球交換意見（其實大部分是她單方面當酸民），我們還約好了將來找時間去紐約看一場洋基隊的比賽。

我常和球員說，「你們看看球員都是男的，但你們結婚有幾個住在家附近？都是住在太太娘家附近嘛。」若是去醫院走一趟，看看病房裡的老人家，在旁邊照顧的幾乎都是女生，女兒孝順又貼心的機率比較高。當然男的也有好的，只是我想表達的是我不會在乎生男生女，我完全沒有重男輕女的觀念。

我以前很喜歡去太太娘家，感覺很好，岳父在一旁打嗑睡，孫子在一邊吵吵鬧鬧，我就覺得我老了有這種生活多好。不過女兒們都不打算結婚的樣子，可能抱孫無望了，沒關係，像太太說的三個女兒都在身邊也很棒。只是我真的太喜歡小孩，像小女兒的老師和我

們很親近，所以我們偶爾會叫老師的小孩來我們家住，然後我們帶他出去玩，幫他買衣服，過過寵孫的乾癮，想想真的很好笑。

如果問我一些職場上的成功秘訣，比方說怎麼增進球技、克服低潮，或是怎麼對抗當總教練的龐大壓力，我的方法就只有一個，那就是好好賴在家裡。

有認真養就不用教

雖說賴在家裡最減壓，畢竟孩子大了有自己的生活，我也不想總是讓不好的情緒影響到家人，所以我還會靠運動轉移注意力。要不然就是在家打惡靈古堡或是手機拿起來玩Candy Crush，玩電玩腦袋放空比較可以忘掉比賽的壓力。之前流行抓寶可夢的時候，我看很多球員在玩，想說也來融入一下，結果我這個人的毛病就是做一件事就會一直做，到後來都沒人玩了我還在玩，自己一個人玩實在太無聊，就揪太太一起玩，比較有伴，我們玩了好多年到現在都還在玩。

說到玩，我常覺得興趣比起學業更重要，做自己喜歡的事才能長久，所以我從來沒有要求女兒們的功課要多好多好，或是將來要做什麼會賺大錢的工作，我只要她們快樂就好。如果說對孩子有什麼期望，有三件事我比較在意，那就是我希望她們會游泳、學會一樣樂器，還有語言能力。

台灣是個海島國家，要享受生活就要親近水，所以要學會游泳，現在三個女兒都很會游泳，二女兒游得最好，還曾代表學校出去比賽過。我們以前住高雄時常常去墾丁玩水，她們都會開玩笑說，以前爸爸要顧我們，現在她們要顧我，因為我自己反而不是很會游，不會換氣游不遠。我很喜歡音樂但是又不懂，所以我希望她們學，我很希望會彈彈鋼琴、吉他或是薩克斯風什麼的，可以放鬆心情那多好，偏偏我什麼都不會，所以女兒們都有學鋼琴。懂語言的話出國就很方便，可以更認識這個世界，所以從小我唯一看重的課業就是英文。結果大女兒還到日本讀了兩年語言學校，精通英、日文，去日本玩都是她當翻譯。二女兒則是會一點韓文，小女兒也曾去美國短暫生活過。我自己有小小的遺憾是英文沒學

好，所以看到她們語文都很好真的很高興。其實這三件事就是都和生活有關，因為小孩快樂就好，我真的不太看重學業成績。

快快樂樂長大的她們也都各自發展得不錯，能夠自力更生，完全不需要我操心。大女兒的工作和旅遊觀光相關，二女兒在玩具公司上班，她們的職場態度跟我比較像，就是穩定一直做同一份工作下去。小女兒的個性就比較敢冒險，什麼都會想試試看，她很樂觀外向，很能和陌生人接觸，大學學餐飲管理時期就在老師開的咖啡店幫忙，老師有個堂弟在舊金山開餐廳，她又跑去那幫忙了幾個月，後來因為疫情才回來。回到咖啡店工作後，因為十一點才開門營業，白天沒事她就到小學去當代課老師，還有一天要去桃園市政府樓下擺攤，因為老師會帶著她去日本、韓國批貨，在咖啡店兼賣服飾，她什麼都做，每樣都做得很高興。

之前我還在 Lamigo 桃猿隊的時候，小女兒還跟我說她想在球場和老師合資開鬆餅店，因為她想了解如何開店，怎麼進貨、控制成本那些，不是為了賺錢。先前說我們會帶他出去玩的老師小孩叫做小鉄，還有因為我以前是鐵捕，所以小女兒就把店取名為「小鉄鬆餅球」，學到她想學的東西以後，她就把店收起來了。五月天時常在桃園球場開跨年演唱會，她想到天氣很冷，可以在現場賣泡麵看看，就自己和朋友申請去現場煮泡麵，準備好幾箱一下就賣光光了。她腦子都在想這些東西，我是很鼓勵她這種冒險精神，只要找到自己喜歡又肯做的就好。所以我也常跟球員說，如果覺得自己成績不好是入錯行，也不要擔心棒球員無法轉行，只要願意做，任何行業都能闖出一片天。

女兒們以前在讀書時，我們如果拿冠軍就會出國，我會幫她們請假全家帶出去，少上幾天課無所謂，我們只要出國就是全家一起去。從小就是全家都在一起，她們有什麼活動只要我可以都會參加，離開球場我就回家，她們有什麼同學朋友，我們也都認識，到最後小孩就習慣這種親近感，有什麼事她們不怕跟爸媽說。而且她們的成長過程我們都有參與，稍微有什麼不對很容易就可以發現，也就很容易修正。回想起來她們求學到出社會工作，真的沒有出過什麼大問題，三個女兒的成長都滿平順的。

大家常常講說青少年容易出問題，其實哪有什麼青少年問題，只有「家庭問題」才會有「青少年問題」。只要從小就關心他，陪著他長大，這種孩子通常不會有什麼問題。大

部分的情況都是出了問題時，才來關心他，之前沒發現問題，但習慣已經養成了，就來不及了，必須花更大力氣把這個習慣改過來，難度相對就高了。有的是小孩在外面飆車，被抓到警察局通知了家長才知道，家長說，「我小孩很乖啊，怎麼可能？」那就表示他們根本不了解自己的孩子，有很多青少年有問題的家庭其實都很正常，但可能就是平常缺少關心，比方丟個一百元給小孩叫他自己去買早餐，但根本不曉得這一百元他可能拿去別的地方花掉了。

同樣的道理，球員在學生時期的教練非常重要，技術以外，選手習性的養成也是在這段時間，如果教練在生活中有多一點的參與付出關心，適時導正他的態度和行為，他們未來就比較不容易出問題。像我帶選手，就算沒有告訴我他哪個學校畢業的，我跟他們相處一段時間以後，從行為表現大概就會知道他是來自哪裡，某個學校出來的就特別認真，因為教練很嚴格管教，某間學校出來的通常看起來好像都很聰明，但是就很桀傲不馴，很難管教，私生活也比較容易有狀況，然後就會影響場上表現，可能靠年輕和天分仍然可以表現優異，但通常比較難長久。

我的教養觀很簡單，全家凡事在一起，創造、支持孩子的快樂，參與、關心孩子的生活，好好養育他們，其他的就讓他們順性自由發展，感到被愛的孩子，沒什麼需要管教的。

洪總的教養觀

- ◆ 小孩的成長過程家長都有參與，稍微有什麼不對，很容易就可以發現，也就很容易修正。
- ◆ 我從來沒有要求女兒們的功課或是工作，我只要她們快樂就好。如果說對孩子有什麼期望，那就是我希望她們會游泳、樂器和語言，因為這三件事都和生活有關。
- ◆ 如果覺得自己成績不好是入錯行，也不要擔心無法轉行，只要願意做，任何行業都能闖出一片天。

◆只有「家庭問題」才會有「青少年問題」。只要從小就關心他，陪著他長大，這種孩子通常不會有什麼問題。出了問題才來關心他，但習慣已經養成了，就必須花更大力氣改過來。

1-3

可以討厭場上的我，很難批評場外的我

數十年如一日的那個男人

中華職棒兄弟象隊球員，三十二歲。

一日行程：

- 起床與太太、女兒用午餐。
- 陪女兒玩。
- 至台北市立棒球場練球，準備比賽。
- 拚鬥今日賽事。
- 球賽結束返家。

前那魯灣高屏雷公隊球員，四十二歲。

一日行程：

● 起床和太太、女兒們用早餐。
● 送女兒們上學後出門自主訓練。
● 用腳尖著地方式跑步約二公里。（繞行高雄愛河五福路和中正路段）
● 返家練習揮棒、蹲下站起來甩毛巾約一小時。
● 與太太午餐。
● 泡茶靜心。
● 接女兒放學，陪伴寫功課。
● 前往台南棒球場轉播室擔任球評工作。
● 球賽結束返家。

中華職棒 Lamigo 桃猿隊總教練，五十四歲。

一日行程：

● 起床用早餐。

● 至桃園棒球場繞球場跑步約一小時。
● 梳洗後在球場員工餐廳用午餐。
● 在總教練室和教練團泡茶聊天。
● 球員抵達球場後指導訓練工作，準備比賽。
● 執教統籌今日賽事。
● 球賽結束返回宿舍。

中華職棒富邦悍將隊顧問，六十一歲。

一日行程：

● 起床用早餐。
● 送女兒上班後出門運動。
● 快走約二公里。（繞行住家附近人行道）
● 與太太午餐。

● 泡茶靜心閱讀。（或打電玩）
● 接女兒下班。
● 與太太、女兒們用晚餐。
● 和小女兒一起收看今日中華職棒賽事。
● 球賽結束後就寢。

中華職棒台鋼雄鷹隊總教練，六十二歲。

一日行程：

● 起床用早餐。
● 前往澄清湖棒球場指導訓練工作，準備比賽。
● 執教統籌今日二軍賽事。
● 球賽結束搭高鐵返回桃園自宅。

嚴以待人，要先嚴以律己

年輕時我是一個會抽菸、跳舞、愛玩的人，但是結婚以後就收心了，想為家庭好好打拚。我認為一個職業球員生涯要長久，能夠自我控制非常重要，所以我很重視自律。

職業球員要維持長遠，很多事情是可以靠教練團、球團提供資源去幫助你，但是有兩件事別人沒有辦法幫你，要靠自己去控制，一個是自律，一個是情緒管理，我認為選手未來的路好不好走，這兩個是很重要的因素。

在訓練和生活上各方面都要做到自律，比方說葡萄牙足球明星C羅（Cristiano Ronaldo），職業運動員生涯十幾年來的飲食都很控制，這個就是自律。該幾點睡覺、什麼能吃、什麼不能吃，該什麼時候訓練、訓練要到什麼程度才算完成，這些都是自律。有的球員一休假就放縱，吃喝玩樂都不控制，回來春訓時就胖一圈，只好趕快減肥，但減肥的時候，就把那一段該用來訓練的時間浪費掉了。

之前就遇過，洋將球季結束回到自己國家後就不練習了，來台灣報到才慢慢調整，連續兩、三球季都這樣，結果沒有辦法在開季時間準時和球隊配合，大家已經在作戰了，他要慢一個半月才上場，比如說三月底開季，他一直要調整到五月中才能出賽，就很可能讓球隊喪失掉打進季後賽的機會。假如他開季能出賽，可能就可以多先發五次，讓我們爭取更多勝場。我要說的就是，職業球員的義務之一，就是在開季前能調整好，這就是自律。

我很幸運，在剛進職棒時遇到兩個自律甚嚴的教練，讓我在球員時期就養成了正確的態度，可能也形成了後來對於當教練的觀念。總教練帶兵沒有一定的步驟、訓練、作戰和帶隊方式，沒有什麼是絕對錯或絕對對，所以我不太會去學習別人，完全是依照自己的感覺走，只有自律的態度我會效法。

剛進兄弟飯店隊，就遇上曾紀恩教練。「教官」就是我第一個榜樣，他非常嚴格，但他以身作則，以前可能沒那麼多專業的訓練方式，他就是土法煉鋼一步步訓練我們，對自己也極其要求。再來就是森下正夫總教練，他非常認真，百分百投入比賽，讓球員也不得不跟著專注在場上。這兩個教練影響我最深，他們很像，就做什麼是什麼，說一是一、說

二是二。我相信一般職場上，自律的人一定也比較有成就，兄弟的洪老闆就是這樣的人，對私生活也很要求，要求別人也要求自己。過去在兄弟隊當球員，等於是一出社會就遇到這三個人，受他們的啟發，可以說是奠定了我一生的基礎。

情緒管理為什麼也很重要？因為一個球員在球場上要面對隊友、教練、裁判、球迷，如果情緒沒有控制好，很容易就爆發。對教練不滿，對隊友不高興，對裁判不服，對酸民不爽。如果一直在不好的情緒裡打轉，球技就很難更上一層樓。情緒控制很困難是在於，年輕的時候沒人跟你講這件事很重要，會被看做是年輕人難免血氣方剛，習慣養成就很難改。如果能在年輕時試著將情緒控制好，就比較能冷靜面對自己不好的地方，去做思考和訓練，比較不容易影響到往後的表現。

情緒控制之難，除了很少人能在年輕時養成外，還有因為人性，人通常都會先檢討別人，不檢討自己，要學習和練習克服這個天性。比方說發生失誤，被教練念，情緒就會出來，就算忍住沒有對教練發怒，但內心有情緒，就會消極抵抗，就不會去想這個失誤應該怎麼避免，不會去和教練討論如何改善，和教練的距離會越來越遠。如果可以控制好，先不急著動怒，先去問教練該怎麼做，才能真心發現和解決自己的問題，這樣就會進步得比較快。或者是被球迷罵了，不會去想球迷是越愛越在乎，他又不能上場打球就只能罵你，一直花時間在和不懂的人生氣，就不會花時間去和真正懂的教練討教怎麼加強，怎麼克服低潮。

不過，我承認我的情緒管理還是不太好，球員時期我的情緒管理做得不錯，因為球員只要管好自己就好了，但當上總教練後就很難控制，因為有太多事無法掌控。被球員討厭、被球迷罵我無所謂，這種事不會帶給我情緒。我自己當過球員，我理解球員會對嚴格的教練感到不滿。像是以前給「教官」帶的時候也很痛苦，怕他怕得要命，訓練快累死時也會很討厭他，但打從心裡服他，長大成熟後也非常感謝他。球迷因為在乎比賽，怪東怪西很正常，但他們不是真正在場上比賽的人，我不會介意他們說什麼。可是我太在意輸贏，跟場上有關的事我就忍不住，看到球員做不對什麼就很想衝去念，還有碰上裁判不公，我也不能不抗議。二〇二一年生病後，太太希望我壓力不要太大，有點擔心我再去接總教練，我就跟她說到台鋼以後，我會試著調整自己不要再亂生氣了，她就笑回，「你等比賽開始再來跟我說。」，我這個毛病真是有點傷腦筋，所以總教練的情緒管理我還在努力學習中。

什麼都沒有意義，運動最有意義

我相信自律的態度是讓我能走得比較長久的原因，即使已經當上教練，不需要像球員那樣訓練，我還是要求自己一定要保持體能，不要讓選手覺得我懶惰，總教練都有一定的維持，球員就不能說我只出一張嘴，自己又做不到。總教練帶頭自律，教練團也會跟進，形成一種風氣，好的球員會學習，不滿的球員也不得不聽，久而久之就變成整體的習慣。所以我自認過去能夠在 Lamigo 桃猿帶隊那麼長的時間，不只是成績表現，是因為我的人品也讓劉老闆能夠信任。我也是有沒拿冠軍，甚至戰績很難看的時候，但是我為球隊帶來了比較有紀律的文化，棒球有輸有贏有時很靠運氣，沒有誰是可以保證常勝的總教練，但是紀律的建立和維持，是可以靠總教練意志去貫徹的，所以劉老闆才會信任我。

我會有教練要維持體態這個觀念，要拜「叛將條款」之賜。

二〇〇三年因為叛將條款，沒辦法回到球場，一輩子都在球場上，突然沒有戰場，很不習慣，每天都睡到早上十點才起來，也還是沒什麼精神，意志都很消沉。越想越不服氣、不甘心，我們為什麼無緣無故就這樣被封殺，但也不知道能怎麼辦，心裡忐忑不安，每天都不知道要幹嘛，又焦慮又落寞。太太看我這樣下去不行，就跟我說，「家裡也不是馬上會陷入什麼生活危機，未來，未來再煩惱就好！」，她就叫我不要成天待在家嘆氣，出去動一動，所以我開始運動。

那時候兩聯盟合併的球賽也還沒開始，但我有一個信念就是一定要打回中華職棒！完全沒有想到自己其實已經四十二歲了，只想說如果可以順利解禁回去，也應該要把自己準備好。以前的慣性是每年的一、二月準備春訓，就要開始動，想說人家已經開始了，我怎麼還可以待在家裡。所以我從那時候開始每天跑步，每天自主訓練，在家揮棒、揮毛巾，出去跑愛河。

以前也沒有什麼完整一套運動訓練的觀念，就是照自己意志想要做什麼就做，一個人也沒辦法像春訓那樣有傳球什麼的，我只能想辦法保持自己的體能，每天做我覺得該做的事。那時候的運動也沒有什麼科學根據，就是用自己想出來的方法土法煉鋼，但不管怎樣，

我都會覺得有動總比沒動好，哪裡需要加強就練哪裡。比方我一定會練揮棒，怕傳球的臂力會減少，就靠甩毛巾來練。跑步的時候我刻意踮腳尖跑，因為捕手的腳盤很重要，慢跑通常都是腳跟著地，練不到腳尖，用腳尖跑才會用力，才能練到小腿，也因此小腿會很吃力。那時有講評的邀約都特別有精神，因為很開心有工作，但是練到去轉播室時鐵腿到樓梯都快爬不上去，像瘋子一樣，旁邊的人都笑我不知道在幹嘛。

雖然後來沒有如願回鍋當球員，而是回中華職棒當教練，但因為從那時候養成跑步的習慣，就還是繼續跑。我發現有好的體能在比賽當下，思緒會比較清明，當總教練的壓力很大，勢必要有一個好的身體狀況才能跟它抗衡。後來我就一直教育教練團，不要只有在球員時期才動，雖然教練不是在比技術要多厲害，但想要在這個職場上待得久，至少不能讓人家看出老態，有老態人家就會想把你換掉了，要永遠保持很有活力，當同儕一個個都衰退時，你就變大佬了。

在 Lamigo 桃猿時期我都提早到球場，然後在球場裡面跑步，一開始只有我在動，最後影響到所有教練團都在動，我也沒有要求他們，但是很多東西是會感染的。也許一開始只是看到總教練在動，不好意思也跟著跑一下，但是久而久之就養成習慣了，像是林振賢以前沒有那麼重視運動，現在跑得比我還勤快。我很信奉「什麼都沒有意義，運動最有意義」這句話，我都跟教練團說，跟我不一定可以學到什麼執教能力，但最起碼得到身體健康，所以大家很少看到我的教練團有人變胖。

這就要再談自律的重要，人一定是會懶惰，會想說，「已經跑了三天，今天休息一天吧！」我也曾經很不想出去跑，一直撐到晚上十點才勉強自己出門。一定要做，不是說要跑多久，而是要每天跑，即使一次沒有很長，但是要每天持續，每天都做才是最困難的。二〇二一年肺部開刀後不能跑，我就每天快走，一定要每天持續就對了。我學生時期曾經打過延長到二十一局的比賽，雖然很累，但是和一天兩場的比賽比起來，二十一局反而比較輕鬆，因為一天打兩場是回去有休息，休息後再起來會很累，一直延續反而不會，我感覺這也代表了持續不間斷的重要。

因為在球員時期吃很多止痛藥的關係，醫生跟我說多喝水能增加代謝，所以我水也喝很多，就延續到現在，這大概是我另一個很好的習慣。我的身體一直都滿健康，一直到二

○二一年才出比較大的狀況。

到富邦悍將當總教練的第一年做健康檢查，春訓時醫生說我肺部有陰影，本來不想管它，但那時候真的有在咳嗽，而且早上都咳得不輕，就想說還是做一下進一步的檢查，醫生說有結節要處理，不過算是輕微，等球季結束再開刀也沒關係。我就問可不可以安排在東奧六搶一資格賽開訓前開完刀，他一聽知道球季馬上就要開打，又有六搶一的比賽，我的壓力一定會很大，所以答應馬上幫我安排開刀。因為醫生說造成結節的成因很多，可能是以前有抽菸，也可能是南部空污比較嚴重，但是最大的原因其實來自壓力。

偏偏壓力最難解決，菸我早戒了，空污也可以盡量避免，空氣差或疫情期間不適合出門，我就在家用跑步機。可是要我減少壓力、放輕鬆，怎麼可能，我也會告訴自己輸贏放一邊，但是當那個情境一來，就會急著想做什麼，根本沒有辦法改。所以話說回來情緒管理真的太重要了，不只影響工作，還影響身體健康。雖說手術很成功，醫生說術後什麼都不用做，再追蹤觀察就好，但是一定要減少壓力，可是我的壓力源還在，不試著控制情緒真的不行啊。

謙虛的自信最厲害

大家常說我已經很厲害了，為什麼壓力還會這麼大？因為我從來不覺得自己很厲害，我只是很幸運，帶到一群很會贏球的球員，就這樣。

棒球是一個團隊的運動，而且比任何團隊運動都需要團隊合作，棒球不像籃球，籃球我只要挑一、兩個厲害的，球都給他就好了；足球也是，進球的永遠是那幾個最強的就足夠了。棒球你再怎麼厲害，就算四成打擊率，還是有六成打不到，而且也不可能一到九棒都派有四成打擊率的那個人打。看看美國大聯盟有很多大球隊花再多錢，也不見得拿得到總冠軍，棒球真的很難，很難。所以贏得勝利當然不可能靠總教練一個人就可以達成，是很多人都對球隊付出努力而來。球迷、媒體會用「諸葛」這兩個字來稱呼我，對我來說是一個肯定，我很感謝，但我絕對不敢這樣想自己，我真的沒有那麼厲害。我不是講客套話，是真心這樣覺得，也因為這樣，我在當總教練時，不會因為成績好就自滿，即使今年總冠

軍，很快地，明年說不定就墊底了，我也真的有過這樣的經驗。

可能還是有人會覺得我很假仙，都拿九九一勝了還說自己沒有很厲害，如果非要我說自己有什麼優點，那我會說我很執著，我做事情就是會一直認真地做，從我開始打職棒以後，就一直完全投入在棒球這個領域，可是棒球又不是總教練很投入認真就能贏球的。很投入認真帶給我的是自信，雖然棒球很難，很多時候是靠運氣，但我還是會很有自信，因為我有盡全力做好自己的本分，盡人事聽天命，在「盡力」這部分我相信自己有做到最好，所以我會有自信。我不認為我在總教練這個工作本身有多厲害，是這個態度讓我走到現在，走得久，拿到勝利的機會當然就多一點。

所以不管我拿到幾勝，我總是說自己沒有很厲害，大家都說我謙虛，我覺得謙虛一點確實比較好，謙虛比較不會自滿。自滿和自信不一樣，到了場上我是很有自信的，我已經盡力了，當然要有信心覺得自己可以帶著球隊拿下勝利。我認為，當一個選手就是要這樣，不要高傲的自滿，但要有謙虛的自信。但是我們台灣的選手謙虛的通常會沒有自信，那不是謙虛，是真的覺得技不如人，心裡先輸就會反應在實際的表現上。反過來，有自信的選手又容易自大，自大又很容易演變成自滿，覺得自己很好，就不求進步了。

還有些選手在場上懦弱膽小、緊張害怕，但是一到場外就變回運動員，威風八面、很厲害，講話尖牙利嘴或是粗魯、穿著很邋遢，這樣就更糟糕了。應該是要在外面要保持健康、清新、乾淨，看起來像個讀書人，在場上才要野蠻，要跟對手爭個你死我活。我自己在球員時期就是這個樣子，現在看到有這樣性格的球員，也會看好他的路會走得長遠。

當你覺得自己很厲害，或是大家一直都講你很厲害的時候，一定要小心。這可以讓你自信心提升，相信自己的認真努力有被肯定，可是絕對不要開始感到自滿，一自滿就會開始走下坡。

不要讓私領域，影響公領域

我對於工作是嚴格看待自己，也從不自滿，很難不用同樣的標準要求別人，所以當總

教練這麼多年，很常有選手對我不滿，不過我認為這只是一份工作，而這就是總教練這份工作需要付出的代價。工作表現不能代表我這個人的全部，我更在意的是私生活。

我的觀念就是無論場上場下都要端正，就不怕因為嚴格而被選手討厭，如果私底下亂來，訓練時又嚴格，那選手怎麼會服氣。我相信工作以外的自己，選手完全沒辦法講我什麼，我在球員時期私生活就很自律，家庭是我生活的全部，當總教練以後，更是不會有任何把柄在球員手裡，選手再怎麼討厭我，再怎麼講我，都只能講我很嚴格、很機車，但是無法說我這個人有私德問題，絕對聽不到這些。

我從來不會和選手混在一起，占他們便宜，不會搭他們便車，如果一起吃飯我也絕對不會讓他們請，一定是我請他們，我也跟教練團每個都這樣講。所以我的教練團組成條件很簡單，顧家庭的、生活單純的就好了。跟我比較久的教練，絕大多數都是沒什麼交際應酬的人，把時間都放在球隊和家裡。

回顧我球員到總教練的人生，說起來真的非常單調，數十年如一日，除了棒球就是家庭。我一放假第一時間就是回家，不太交際應酬，也剛好這個工作去交際應酬反而是不好的。我常跟選手講，不是不能交朋友、出去玩，只是職業球員是公眾人物，不適合的場所盡量不要去，因為不知道什麼時候會被人家拿來寫，有好表現時當然都沒事，但一旦場上出問題，就會全部爆出來了。還有當然可以交女朋友，但是觀念要正確，要記住自己是一個職業運動員，不能因為交女朋友而荒廢掉事業。假如說有一個女朋友一天到晚要陪，這種就要趕快請她離開，不要浪費彼此時間。現在努力顧好自己的事業，才能給未來的太太一個好的生活品質，搞到半夜不睡覺，不想練習只想和女朋友出去玩，這種玩不叫玩。應該把時間放在精進自己，求好表現才有好收入，賽季結束再帶女朋友出去玩，住好的飯店、吃好的美食，那才是真的享受。

雖然我平時不太會去管球員的私生活，他們有他們的生活，我有我的生活，但如果是有問題的球員，我會先暫時把他放到二軍，因為他沒有辦法全心在球場上，一定會影響表現。有時候看到一個選手表現還不錯，也沒有受傷，怎麼會在二軍，那通常可能就是生活上有問題。生活越單純越好，不然哪有時間專注在球場上。不要花太多時間在外面，壞的人和事自然就會遠離，球場上成績好，好的人和事自然就會靠近。

現在法律制度健全了，不太會有簽賭案這種事情發生，只是過去我當 La New 熊總教練時遇到的狀況，如今回想起來應該是我職業生涯中最痛苦的一段經歷，比被列為叛將沒球打或是被球員批評，還要難受太多，也說明了我對私領域影響公領域的深惡痛絕。

當年組頭利用一些飯局去接觸選手，利誘他們在比賽中放水，本來好好的球隊打得荒腔走板，我也會懷疑是不是假球又死灰復燃了，可是總教練沒有調查權，我沒有權利去查選手的通聯紀錄或金流往來，沒有辦法知道哪個球員有問題，我只能夠看不對就換，難免會打到無辜，所以我和球員間的隔閡也是那個時候產生的。我沒辦法判斷，又不能讓球隊一直輸球，換人是總教練唯一可以做到的。記得某一次有球員被約談，法院通知我以證人身分出席，法官問我：「當時你有覺得他的表現不正常嗎？」我只能回法官，「選手任何情況都可能發生，我要怎麼告訴你正不正常？比方暴投、觸身球，哪一個投手沒投過？我怎麼會知道是不是故意的？我也沒有親眼看到球員和組頭拿錢或是什麼的，我只能說他那一場確實表現不好。」

以前我在兄弟隊時也遇過，洪老闆找我去，問我哪個投手有問題，我說：「我要怎麼跟你講誰有問題？就算我做這個暗號，他沒照我意思投，但是暗號看錯也偶爾會發生。我只能說他今天真的投不好，跟他以前的表現有落差，但我又沒有看到什麼，怎麼可以去說別人？我只能跟你拍胸脯保證我自己沒有。」

曾經有一場比賽，原本領先到第五局，後來投手一直保送、暴投，對方打不好但是他一直送上壘，最後變成我們只領先一分，我當時看不下去，就把投手換下來，我一換，上面球迷就開始罵我：「什麼爛總教練！已經兩人出局了還把投手換下來，勝投的機會都不給。」我只是心裡覺得這個傢伙有問題，即使球迷用三字經罵我也要換，但沒證據又不能真的亂講；而且後來這場我們還是贏球，我明知道那個投手可能有問題，但為了球隊的和諧，我還去跟他道歉說：「不好意思，當時我判斷你壞球太多，不能再投下去了，假如說你有什麼不高興，歹勢，我是為了球隊要贏球。」後來檢調一抓，他果然就有事，當時我如果沒這樣做，球隊可能就會輸球了。

組頭是用盡辦法都無法接觸到我，因為我從不跟人家交際應酬，用女人、用錢都沒用，有很多場放水球賽都被我搞掉變成贏球，因為我看不對就換人。球隊正常都不能保證會贏

球了，何況裡面充滿問題，有幾個選手還去面見劉老闆，說我不信任選手、不帶心，去把我鬥下來，一定要把我弄下來他們才有辦法運作。可是把我換下來後戰績更差，結果後來證實，是那些球員自己有問題，劉老闆又再把我換上來。

我重新回到一軍當總教練，劉老闆當時集合全隊，就跟大家說：「下次再有選手來找我說總教練怎麼樣，那個人我一定先開除！」就這樣一句話，從此以後沒有人敢講我怎麼樣，球隊就很好帶，這點我很感謝劉老闆，才有機會建立球隊的紀律。

我都會告誡教練團和選手們，不要老覺得沒有人會發現，就做些偷雞摸狗的事，人家不是不知道，只是關鍵時刻還沒有到，人家和你的利害關係還不到那麼重要，所以做什麼人家不會管你，而不是人家看不到。同樣的，不要覺得很認真做得要死要活也沒人看到，不要想這麼多就繼續做，人家不是沒看到，到了關鍵時刻，升上去的就會是你不是別人，絕對是因為認真有被看到。認真做，總有一天會被看見，機會來了就是你的。

我不想要聽到「洪太太說的」

還有一點我比較特別的，我從來不讓太太去球場，有的球員老婆到哪裡比賽都會跟，但我個人不太喜歡這樣。因為我覺得比賽是我的工作，我又不是去玩，我去玩就一定要帶太太，但是工作就真的不應該，如果要表達支持，偶爾當然可以，但一天到晚跟就不太好。球季時我專心上班，球季結束我全部時間都給家裡，老婆最大。後來太太習慣了都不會去球場，現在是拜託她去她也不要去。有些太太可能是不放心要跟去，但我平時作為都讓太太放心，她根本不需要去現場盯。比方我完全不應酬，每次在外地打球到了飯店一定會打電話回去，有時候甚至開玩笑說：「老婆，我現在在酒店」，我太太就會笑回：「喔？恭喜，趕快多喝一點。」因為她知道不可能發生什麼事嘛！

另外還有個原因就是，我不想要聽到人家說這是「洪太太說的」。很多會跟去球場的球員太太們常聚在一起，我不是說不能交際，當球員太太很辛苦，可以互相認識支援很好，

但是有時難免人多嘴雜。而且球場是開放空間，球迷、媒體都在旁邊，現在這個時代傳播什麼都很快，甚至記者會想辦法去混熟，取得片面的資訊亂報導，說那是某某太太說的，對球員和球隊都不好。所以我覺得能避免最好，大家可以在私下來往就好。

總之對我來說球場就是工作的地方，我不喜歡家人參與太多，我對於工作和家庭的分際畫得很清楚。三個女兒從來不會跟人家說自己是洪一中的小孩，小女兒很愛看棒球，有時候她們姐妹會約了去看球，但是從來沒拿過眷屬票，也不會讓我知道，常常是我事後才知道她們有來。女兒的想法就是，既然愛棒球就該花錢買票，跟一般球迷一樣振興產業，這才是支持老爸的行為。

小女兒的鬆餅店還沒開始前，她就先做了四、五十份，請我拿去給球員們試吃，除此之外她都沒有要我幫什麼，開店資金我一毛錢都沒出，都是她自己打工賺來的。球團好意來問我需不需要什麼，我也都說不用，女兒完全不會想利用我的關係有什麼特權，這點我感到很驕傲。

一份工作要做得好、做得久，自律真的太重要，要在工作和生活的每個環節中要求自己，最好連自己的家人都能一起配合。有一點成績以後也不要自滿，保持這份自信的態度繼續走下去。我深知自律和自謙的好處，所以會嚴格要求球員、建議教練團效法，希望他們和我一樣盡可能延續職業生涯、家庭和樂或是至少身體健康。如果因此被討厭，我覺得也沒關係，工作長久才可以支撐我的家庭，而家庭帶給我的快樂才是真的，場上的洪一中有點機車，場外的洪一中有健康快樂。

洪總的處世觀

- 自律和情緒管理，是職業球員未來的路好不好走很重要的因素。
- 自律是訓練上和生活上各方面都要做到的。
- 球員在球場上要面對的人太多，如果情緒沒有控制好，很容易就爆發，不能冷靜面

對自己不好的地方，就會阻礙球技更上一層樓。

◆ 總教練帶頭自律，教練團也會跟進，形成一種風氣，好的球員會學習，不滿的球員也會不得不聽，久而久之就變成整體的習慣。

◆ 當總教練的壓力很大，勢必要有一個好的身體狀況才能跟它抗衡，有好的體能在比賽當下，思緒也會比較清明。

◆ 要永遠保持很有活力，當同儕一個個都衰退時，自己就變大佬了，技術不見得能提升，但至少身體是好的。

◆ 運動是一定要每天持續，人都有惰性，每天都做才是最困難的。

◆ 當一個選手就是要這樣，不要高傲的自滿，但要有謙虛的自信。

◆ 運動員在外面要保持健康、清新、乾淨，看起來像個讀書人，在場上才要野蠻，要跟對手爭個你死我活。

◆ 自己坐得正，就不怕因為嚴格而被選手討厭，如果私底下亂來，訓練時又嚴格，那選手怎麼會服氣。

◆生活越單純越好，才有時間專注在球場上，不要花太多時間在外面，壞的人和事自然就會遠離，球場上成績好，好的人和事自然就會靠近。

◆球場就是工作的地方，太太不用常來，球季時專心上班，球季結束再把全部時間都給家裡。

EXTRA

洪太太有話說

我只有一個抱怨

他的心都在家裡

我真的很感謝我們家老爺，為我們這個家庭付出很多，女兒們成長的過程都有很好的環境，也沒有什麼風風雨雨，一路都很穩定順利，他真的很盡責地在照顧我們。

其實我算是傻人有傻福嗎？我的家庭從小給我很大的安全感，所以未來怎麼樣我完全沒有什麼想法，總覺得那是父母親要想的，不是我在想。我剛出社會進到兄弟飯店，也是在裡面工作的姊姊引薦的，我每天的生活很單純，就是認真上班，下了班和全家人吃飯聊天。後來因為兄弟成立棒球隊，我和幾位同事下班前要去福利社輪班，老天才幫我決定了未來人生的走向。

每次去值班時，很多球員都會跑來和我哈啦聊天，彼此都很熟，但是洪一中就比較少，我看到他不是話很多的人，反而會引起我的好奇。他就是自己在那邊打撞球、看電視，我的個性剛好不喜歡太活潑的人，對他的印象就比較特別一點。

我有在注意他，他也有在注意我，偶爾聊天才讓彼此稍微有一些了解，我沒有什麼戀愛經驗，公司舞會時他邀我跳舞以後，我就覺得可以試著交往看看。不過一開始的時候，我的部門主管其實不是太看好我們交往，他認為我剛入社會很單純，個性又很直接。洪一中不會跟人家閒聊，看起來比較深沉，不知道他在想什麼，所以主管覺得我們兩個人的個性可能不太適合。接著是我的父母親也反對，覺得和打棒球的人在一起，未來很沒有保障，可是我的想法就是很單純，以我自己對他的觀察，覺得其實他個性還不錯，很沉穩，就是一個可以依靠的對象。所以不管別人怎麼說，我都覺得可以和他共組家庭，不過我可從來沒說過「你沒有我就當乞丐」這種話。

我是和他結婚很久以後，才從別人口中得知他學生時期是成天跳舞、很愛玩的人，和我相處的那個穩重、話不多的男生，完全是兩個人。

他從小就離家，可能因此讓他很想要有一個自己的家庭，和我交往以後，我時常帶他回家，他很喜歡這種氛圍，很喜歡有家的感覺。一直以來他都是一個人在外，就算回家也是一下子而已，他父母工作也很忙，很少有機會像我家這樣全家時常聚在一起。加上他開始打球的路有點波折，很晚才有機會入選國手，所以進了兄弟，好不容

易有一份穩定的工作，又和我組了家庭，他就很珍惜不願意放棄，想要好好把握，也想讓我爸媽刮目相看。

我們爸媽一旦接受了，就把女婿當成自己家人，對他非常好。像我媽媽知道他喜歡吃滷肉，只要知道我們要回家，她就會一早去市場買肉回來滷。可能是我的家庭改變了他，給了他安定的力量，所以他也想讓自己的家庭好。

雖然我們結婚第一天，他就不在我身邊了。

婚禮結束隔天他就要去集訓，因為我也要回台北工作，所以當時也不覺得怎麼樣。後來是看到隔天報紙登出洪一中新婚隔天就去集訓的新聞，標題寫著《洪一中洞房別嬌妻》，我才想到，「對喔，我們結婚第一天就分隔兩地」，才想說要把它留起來，如果以後發生什麼事可以拿出來給他看。

他當國手一整年的時間，我們前後加起來只有見到一個月。我們各自有工作要忙，對於必須分開這個狀態我也不太在意，只是因為這是我人生第一次自己一個人住，還是會有點害怕，那時候我們住二樓，怕別人會闖空門，所以客廳的結婚照旁邊，還放了一支球棒。每次我下班回來吃晚餐時，就會跟結婚照裡的那個男人說：「我們要吃飯囉！」讓自己安心一下，想來真的挺好笑的。可是我當時也不會想要回娘家，一方面每天要上班，娘家離公司很遠，交通不方便，一方面覺得這個婚姻是我自己選擇的，不想讓家人擔心。

最重要的是，我其實不太會感覺寂寞，因為不管洪一中人在哪裡，每天都會打電話回家，他就是能讓我感受到他的心在家裡。

那時候每個球員的太太都是這樣，要想辦法獨立生活，所以我和幾位球員太太都常聯絡，彼此閒聊打氣。畢竟嫁給球員，就是要有心理準備，他們就是沒辦法隨時在我們身邊，要有辦法自己處理生活中的大小事。像大女兒用鐵絲去弄插座那次，我是聽到她哭才看到，整隻手黑一條，趕快開車送她去醫院，雖然當時會慌，但也不會去想什麼老公不在身邊這種事，就是趕快處理就對了。幸好她一弄到手就放開，小孩恢復力也強，沒有造成太大的傷害，只要女兒平安就好了，我是等他回到家後才告訴他，我知道他沒能陪伴我們心裡也不好受。

所以後來碰到什麼事情，我都自己處理，都會覺得只是小事。記得有一次我和幾位太太接受記者訪問，有一位太太抱怨球員常不在家，燈泡都得自己換，講著講著就哭了，我心想，「換燈泡也還好吧？我連小孩都是自己去生的。」

只有大女兒出生時，我家老爺有陪到，生二女兒時，他還在比賽，婆婆來幫我顧老大，我就自己一個人去生，生完了才通知他。生小女兒的時候，又正好遇到公公剛過世，他都在忙父親的後事，反正我已經生到第三胎，也很有經驗了，開始感覺到陣痛後，我就帶了些生產需要的東西，自己開車到醫院。到了醫院，護士嚇一跳說，「你怎麼自己一個人來生小孩！」我說，「沒關係，第三胎了，我可以」。後來我又有東西忘了拿，就想說要回去，護士說，「不行，這樣很危險！」，我說，「沒關係，我們家很近，我開車回去拿很快」。我就回去整理東西，拿齊了再回去生。這些他全程都不知情，我生完後才跟他說，醫生巡病房時也問我怎麼都自己一個人，我就說先生有事情不方便。

可能因為我媽媽就是很傳統的那種母親，我看著她這樣做，自己也跟著這樣做。

畢竟球員這個職業比較特別，不能時常在我身邊不是他願意的，他努力工作也是為了給我們過好生活。他真的很辛苦，對自己的要求又很高，像在球員時期，他每天晚上都有一個固定的時間，要到頂樓去揮棒，他認為自己天分不如人，就要比別人更努力一點，我覺得現在的球員不一定都能做到像他一樣。

所以即使他在身邊，我也盡量不要影響他作息，我都是抱著女兒睡，不讓她們有哭出聲音的機會，只要一動，我就馬上去泡牛奶、換尿布什麼的。三個女兒都是跟著我，也幸好她們都很乖、很好照顧，也從來不會要東要西，我還沒結婚前就很喜歡小孩，所以我很享受帶女兒。

他努力工作，我照顧家裡，兩個人互相。不過我覺得他已經是一個工作和家庭兼顧很好的人了，大女兒出生時，我也是新手，他也會幫忙換尿布、餵奶那些，老二、老三時因為我很上手，就也不太需要他幫忙。

但是小孩子的成長過程，學校有各種活動他可以參加的話絕對不缺席，雖然球員生活會很長時間不在家，但他應該比一般工作很忙的爸爸還要常出席女兒們的活動。

我記得女兒有一次作業要養蝌蚪，他就陪著她去買、去山上找石頭、去放生，他都全程陪著。

我們有任何行動就是全家一起，他也很願意陪我們從事女生們比較喜歡做的事，像是聊天、逛街什麼的，女兒們很習慣什麼事都和家人一起做的感覺，像女兒同事就很驚訝說她怎麼還會想找媽媽陪逛街？我們從幼兒園開始，就載她們載到現在上、下班還在載，我二嫂常念我，「你們要載到幾歲啊？」

球場上他是很嚴格的教練，不過他在家裡對女兒們真的很好，很願意陪伴。他很喜歡小孩，很疼惜女生，像李居明女兒結婚時，就說她到現在都記得，小時候只有洪總會帶她一起出去玩。

他也完全不會出入聲色場所，很自律，沒有複雜的生活圈。甚至我還要逼他出去，比方我會跟他說：「你偶爾也可以請教練團吃吃飯，聯絡一下感情」，但是他只要一練完球就回家，說沒有時間，也說不要去打擾別人生活，他就很不喜歡去交際應酬。他真的很愛我們，全心為家庭打拚，所以那張《洪一中洞房別嬌妻》剪報，其實我很少很少需要拿出來。

贏得健康最重要

我對老爺只有一個抱怨，就是他不夠愛惜自己的身體。

他年輕的時候都在坐冷板凳，很晚才在棒球這個世界出頭，好不容易在結婚那一年入選國手，又有職棒可以打。所以他非常非常珍惜，不願意放棄，縱使受傷手斷了，都想要上去蹲，還是硬要撐，他都是靠止痛藥在維持球員的生活。

叛將不能打球那一年，我就想說我們家生活很簡單，暫時沒工作就省一點，我一點也不擔心，所以不會給他任何壓力。反而是他自己，會擔心去接小孩時，人家怎麼看他，說別人會覺得他就是沒工作才會有時間來接小孩，我就跟他說不要想那麼多，我去接就好。我就趕他出去運動，他也才重新有動力，拚命自主訓練，想要打回中華職棒。

可是沒能回去打球，當上教練後更糟糕，他實在是個太想贏球的人，搞得自己壓

力很大，影響到健康。他只要輸球情緒就會不好，所以他輸球回家，我們都不會跟他多談，就各自回房間，不要碰到面就好了。

有一次他輸得很不甘願，回來就很氣，就說，「妳們為什麼都進房間，為什麼沒有人要跟我講話？」他以前常跟 Lamigo 桃猿隊的啦啦隊長阿誠聊天，阿誠都會聽他說話，還會開導他什麼的。我跟他說，「我們知道你今天沒有贏球，怕影響你的情緒啊！」他就很氣地回：「可是我要有個講話的對象啊！讓我舒解一下，不要每天都是阿誠聽我在講。」那天我就只好坐下來好好聽他講。

但我不想和他聊是因為說了也沒用，他就是一個很在乎輸贏的人，那是他個性問題，改不了。「輸球是避免不了的，你一定要放下。」、「不要那麼在意，哪有每天都在贏球的。」、「你要的東西你都有了，總冠軍、國家代表隊那些都有過很好的成績，可不可以稍微輕鬆一點帶球隊？」這一類的話，我已經和他講過不知道多少次。

他每次都跟我說，「我都放下了，我想開了。」其實都沒有！每次比賽一有狀況，鏡頭馬上拍到他，任何人都可以看得出來，他還是很在意，所以才會有一堆表情包又出來了。Lamigo 桃猿隊戰績最好的時候，我就跟他說可以退休了，人生已經到達頂峰，不會有遺憾，網路上又一堆人會講不負責任的話，不要再去承擔那些。後來身體果然出狀況，開完刀醫生也勸他，說他這是「憂傷肺」，就是因為擔心的事情太多了，壓力太大。

所以我其實真的很不想他再接職棒總教練，我跟他說可以去學校教，情緒比較平穩不會起伏那麼大。但他就是想給我們過好一點的生活，說不想我們的生活和過去落差太大，至少能維持一樣的品質，他就是很在意這一塊。我跟他說，女兒們都出社會賺錢了，我們生活也簡單，經濟上沒有那麼大的需求，他也聽不進去。

我覺得他不僅僅是因為想給我們過好生活，其實是他真的很愛棒球，要他脫離棒球，很難。我都跟他開玩笑說，「你離開棒球可能就會老人痴呆，沒有棒球，你就活不下去了。」

我還有對他一點小小的抱怨就是，希望老爺可以獨立一點。既然要選擇去接台鋼雄鷹隊的總教練，就好好接受得常常自己一個人在高雄的日子，不要老說很不喜歡沒

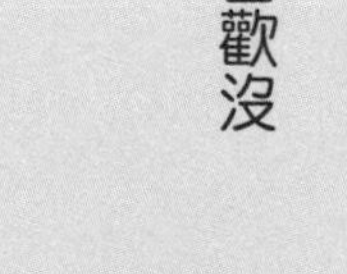

有跟我們在一起生活。

三個女兒都在北部工作，不能像小時候那樣可以隨意搬家，我要在桃園照顧她們，所有事情都是我在處理，還一直要我有空就去高雄陪他。場上他是什麼都能運籌帷幄的洪總，但場下他就是一個什麼都不會的生活白痴。

抱怨歸抱怨，我還是很感謝這三十多年來老爺給我們的一切，現在我只求他照顧自己比照顧家裡多一點，在乎健康比在乎輸贏多一點就好。

一九六一年在高雄哈瑪星漁港出生的洪一中，就讀當地的鼓山國小，在那裡開啟了他棒球生涯的起點。

洪一中在兄弟飯店遇見真愛，一九八八年結婚，三個女兒陸續出生，陪伴他的棒球生涯一起成長。

一九八八年婚後不久即前往漢城（首爾）奧運會，和妻子在機場合影。

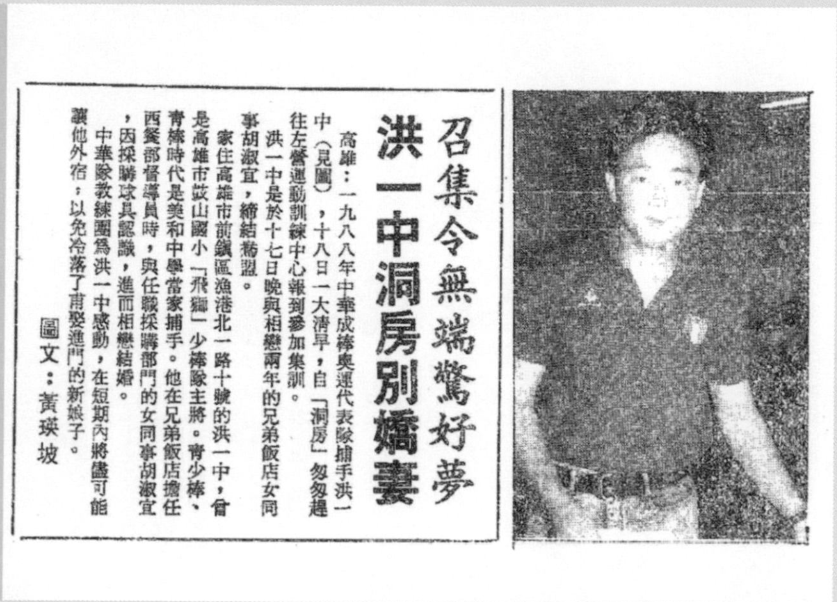

召集令無端驚好夢
洪一中洞房別嬌妻

高雄：一九八八年中華成棒奧運代表隊捕手洪一中（見圖），十八日一大清早，自「洞房」匆匆趕往左營運動訓練中心報到參加集訓。

洪一中是於十七日晚與相戀兩年的兄弟飯店女同事胡淑宜，締結鴛盟。

家住高雄市前鎮區漁港北一路十號的洪一中，曾是高雄市鼓山國小「飛獅」少棒隊主將。青少棒、青棒時代是美和中學當家捕手。他在兄弟飯店擔任西餐部督導員時，與任職採購部門的女同事胡淑宜，因採購球具認識，進而相戀結婚。

中華隊教練團為洪一中感動，在短期內將儘可能讓他外宿，以免冷落了甫娶進門的新娘子。

圖文：黃瑛坡

新聞報導洪一中完婚隔天即入國家隊集訓，洪太太將這張剪報留在身邊多年。

The Koala
The Koala is unique to Australia and belongs to a group of mammals called Marsupials.
Koalas feed predominantly on the foliage of eucalyptus trees. The Koala normally does not drink but obtains sufficient water from its food.
The Koala sleeps in the fork of a tree during the day. It moves about and feeds at night, with most activity just after sunset.
A Koala is fully grown when it is four years old, and lives to around 12 years.

成家後雖然工作要東奔西跑，但閒暇時間就留給家人，常一起出國留下美好回憶。

二〇二〇年，洪一中達成總教練生涯九百勝，賽後表揚儀式由小女兒代表獻花。

在球場上大部分時候不苟言笑，在家裡卻像個大孩子，和女兒玩在一起，情感沒有隔閡。

洪一中才華多元、深藏不露，不但在棒球場上表現亮眼，休閒時打起保齡球也是有模有樣。

CHAPTER 2

勉強自己做到盡

洪總談職場生存之道

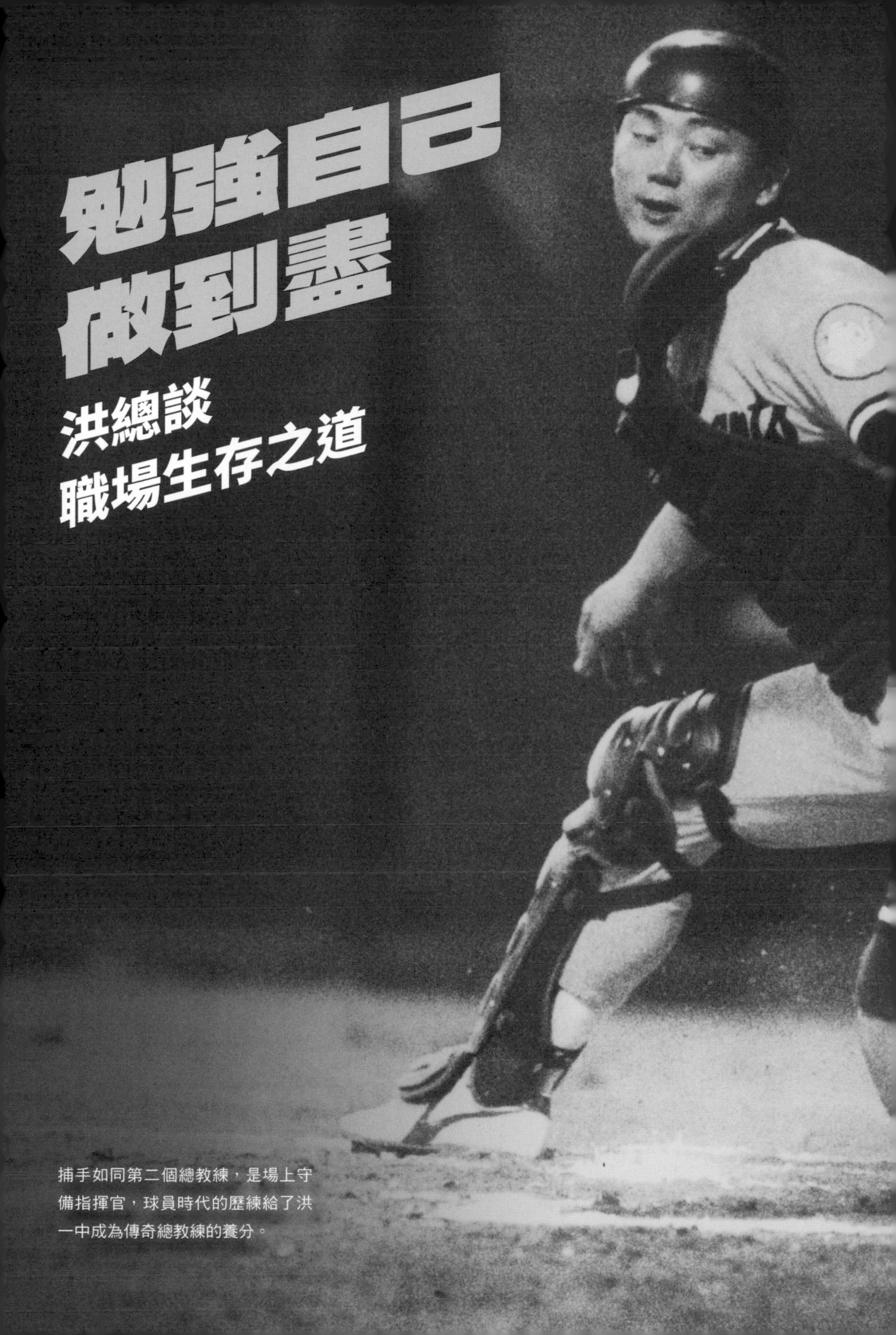

捕手如同第二個總教練，是場上守備指揮官，球員時代的歷練給了洪一中成為傳奇總教練的養分。

2-1

全勤是我唯一的目標

啪一聲，夢想差點破滅

來自台灣的飛機在美國舊金山國際機場落地，四十多名一九八八年漢城奧運準國手，出關後在機場外等候接泊巴士。

二十七歲才首次進入中華成棒隊選拔名單，默默無聞的捕手洪一中，回想起小時候第一次代表國家出國比賽，就是來到美國，他的心智程度也瞬間回到兒時樣態，興奮地不得了。

站在洪一中身旁的隊友，是塊頭跟牛一樣大的年輕新秀投手郭李建夫，也像個孩子似的，仿若要提前培養投捕默契，幼稚地提出和他比力氣的邀約，得意忘形的洪一中完全沒有想到自己與對方實力懸殊，不加思索立刻接受挑戰。兩個人抓著對方的雙手互推，瘦小的洪一中面對大塊頭郭李建夫毫不認輸，使盡全力和他拚鬥，沒多久，洪一中就聽到啪一聲。

右手腕立刻痛到不行的他臉色刷白，心想死定了！現在還只是選拔賽階段，自己不像大名鼎鼎的涂忠男、曾智偵那樣有很高的入選機率，如果在未來幾天的比賽裡沒有表現，回來鐵定會被淘汰的。好不容易有機會成為國手，讓新婚就得獨守空閨的老婆犧牲有價值，也可以好好表現讓岳父刮目相看。現在眼看著這些夢想，就要斷送在自己一時貪玩之下，懊悔不已的他在遊覽車上抱著手，思索接下來該怎麼辦，到了飯店更加崩潰，因為他發現自己連棒子都沒辦法拿，趕緊去向隊醫求救。

身處異鄉的隊醫沒什麼資源，頂多只能先給他吃吃消炎藥，然後要他盡量冰敷。到了飯店其他球員都出門去逛逛，好保持不睡盡快調好時差，洪一中就一個人留在飯店裡拚命冰敷，在走廊的製冰機與房間之間來回奔波，每冰二十分鐘休息十分鐘，每冰二十分鐘休息十分鐘。

隔天到了球場訓練，他再躲到林家祥總教練看不到的地方，繼續偷偷冰敷，連續三天，終於消腫了。但還是有些疼痛，接下來還要面對和美國球隊的七場練習賽，幸好左手沒事能順利接捕，但右手揮擊仍受到影響，就算能守備，打擊也不能沒表現，

只好靠止痛藥加持續冰敷克服，場下拚命冰，場上拚命打，把握每次能表現的時刻。

老天眷顧，回到台灣，洪一中順利入選國手，踏上夢想已久的奧運舞台。日後他很珍惜每一次上場的機會，再也不敢調皮了，不但很自律維持自己的身體健康，在場上全力以赴，自此站穩台灣棒壇一代鐵捕的地位。國手夢也沒有再斷過，後來甚至又獲選為北京奧運中華成棒隊總教練，成為台灣棒球史上，唯一以球員及教練兩種身分皆參加過奧運的棒球人。

據說二號是會勞碌命，所以我的背號一直是二號

棒球守備位置的代號，捕手是二號，所以我一開始就用二號，用習慣後來就不想換了，也剛好我去到哪一隊也沒有人是選二號，就一直用到現在。我的個性就是這樣，一旦定了就不太會變，一件事情只要我能做，有人願意讓我做，我就會一直做到盡。

很多人會討論我的紀錄，有這些成績受到肯定當然會高興，但頂多開心一天而已，我只在乎隔天還有沒有工作，因為我認為這些只要是做得夠久，自然就會慢慢累積的成就。所以其實我對紀錄這種東西不是很在意，在選手時期就不會去設定什麼目標，不像有人可能會希望今年打擊率要三成，或是要投到十勝，我從來不會要求自己成績要怎麼樣，我只要求自己一定要盡力就好。所謂盡力是真的要盡全力，比方說，將目標設定為打擊率三成，但其實明明就有打到三成五的實力，即使最後達到三成，那也表示並沒有盡力。

我覺得數字紀錄一點也不重要，只要能夠盡全力，一直打下去，那些自然就會達成，

所以我每年只有一個目標，就是「要全勤」。

我的偶像就是日本職棒廣島鯉魚隊的「鐵人」衣笠祥雄，和美國職棒巴爾的摩金鶯隊的「鐵人」小瑞普肯（Cal Ripken Jr.），這兩個人都是連續出賽紀錄保持者。我每一年都告訴自己要蹲滿，我曾經連續蹲捕超過兩千局，至今應該還沒有人打破，但我並不是在意那個紀錄本身，究竟那是哪一年哪一天達成的，還有後來蹲到第幾場斷掉我都不記得了，我只在意那個紀錄背後的意義，表示我全勤出賽了四個球季。

我是一個絕對不遲到、不早退，而且不輕易請假的人，要和我競爭捕手的位子只能憑實力，教練永遠不會聽到我喊累，或是說自己哪裡有點不舒服需要休息，從球員一路當到教練，我從來沒有因為身體因素而向教練或公司請過一天假。只有家庭能在我的工作之上，所以我的棒球生涯，只有在我爸媽去世的時候請過假，還有二〇二一年開刀那次，因為為家人保持身體健康也很重要，況且那也是在開季前的熱身賽期間，只請了一天假，開完刀我就回來執教了。

結婚時還在業餘，好不容易入選中華隊當然更不可能請假，但是比完賽後，我也沒有把那十天婚假請回來。太太生大女兒時，她半夜肚子開始陣痛，我送她到醫院陪她到早上，可是一直都沒有生，醫生說是假性破水還沒有要生，叫我們回家等，我送她回去後，沒有睡覺就直接去龍潭練球了，結果一直到下午三、四點，又通知我太太要生了，我再趕到醫院，她生完我還是回去練球，那時候沒有比賽只是練球日，我也不請假。

「勉強自己」是我的職場座右銘，我認為人一定會有惰性，也不會一直都很順利，做與不做，很多時候就差在一念之間，如果不勉強自己做該做的事，就很容易放棄，一旦斷了就不一定能順利繼續，偶爾一次厲害不叫厲害，一直穩定出賽才是厲害。

我體力不是很好，但我敢說我是一個很有毅力的人。我常說如果我不打棒球而是一個業務，二十年後我就是一個資深業務，我會專注在同個工作崗位上，不太會變。在雷公隊後期，球隊曾經要我當教練，我馬上拒絕了，因為我有一個原則，能夠當球員的時候就不要當教練，能夠當教練的時候就不要當總教練，只有把每個階段都做到盡，整個棒球生命才會長，不要當選手時就在想要做教練，當教練時就想當總教練，那棒球生涯絕對會很快結束。

通常一個選手年過三十五歲就會開始覺得自己老了，開始想之後要不要轉教練，但其實當選手是最幸福的，應該要想著能打就不要退。我會當教練其實是被強制轉換的，要不是因為「叛將條款」不能繼續在中職打球，受劉老闆聘任才去當教練。不然那時候我雖然已經四十二歲了，從沒覺得自己是老將，還是覺得可以繼續打，就算沒有人逼我，我都還是會自主訓練。

要有一個信念，「不要把自己當老將」，一個人只要有一天當自己是老將，很快就會退休了，因為只會想說加減打一支、加減投一球就好，因為自己老了嘛！很容易就會放過自己。不應該這樣想，除非公司不要你了，公司還要你，就不要怕，不要覺得自己不行，就是繼續努力認真拚就對了。像高國慶的態度就很好，即使出賽機會難免變少，但他對球隊還是很有貢獻。要永遠保持年輕的心態，不管別人是老將、新秀還是正值巔峰，我就是要跟所有人拚。有這樣的心態，雖然不一定會贏，但是下墜的幅度會很小，慢慢地一點一點退。因為每次都是做到盡，就不容易退化，比方重訓以前是一百公斤，現在還是要一百公斤，如果想說自己老了就變九十公斤，那下次就會立刻變八十公斤，不去勉強自己就會退化得很快。

中華職棒曾經有一年用台灣犬來當作聯盟的吉祥物，我認為很符合台灣人的精神，我覺得台灣犬很適合代表一個人職業生涯應有的態度，很多動物速度很快，但只能短程衝刺；台灣犬速度不快，可是很有耐力，可以一直跑到獵物倒下為止。在台灣棒壇，我覺得自己就像是一隻台灣犬。

曾經有人問我要不要換背號，因為有一個說法是二號勞碌命，我就說，「那很好，有勞碌就表示有事做。」，我人生一直覺得辛苦是最幸福的，每當有人跟我講辛苦了，就表示我還有工作，所以我還要一直用二號。

止痛藥當維他命，延續棒球生命

運動選手的運動神經，天分占很大因素，有的人練習也沒多認真，但上去就是能打，

很多選手很努力，但是打不上來就是打不上來，就算比強的選手苦練好幾倍，可能還是沒辦法。但是只有「要全勤」這個東西，不是仰仗天分可以達成的，首先一定要維持好的身體狀況，這需要自律，不能吃壞肚子、不能感冒、不要睡眠不足；再來就是要有基本技術的維持，這也是要自律，不能偷懶不練習。成績再好，但如果打一場得休三場也沒用，要保持身體健康讓教練隨時可以用，那是對球隊最基本的貢獻；然後如果沒有基本功，縱使身體健康，教練也不會排你出賽，所以不但要有成績還要一直身體健康，這都不是很容易的事。

鈴木一朗就是這樣的典範，據說他在美國大聯盟打拚十六年來，只有進醫務室一次。可以想見這種人有多自律，更不要說他的成績了，光是這一點就值得多少選手學習，那是一種意志力的展現，真的很不簡單，人一定多少會有病痛，重點是要怎麼努力克服。

球員時期我就有慣性頭痛的困擾，不知道吃了多少止痛藥，以前不像現在保護選手，沒什麼運動醫療的觀念，儘管我身上沒有一處是因為運動傷害開刀的痕跡，但事實上都是靠藥膏塗塗，吃吃止痛藥就上場了。最離譜的是職棒元年的時候，一次賽前我和聯盟防護員說我不舒服，拜託他給我兩顆止痛藥吃，開始要比賽後，還是很痛，他又再給我兩顆，我才比較舒服，可是好死不死四局下，打了一支三壘安打，我用頭部滑壘衝到三壘後就爬不起來了，頭痛到快爆炸，五局中場休息時，我又再跟他要兩顆止痛藥，繼續上場比賽。後來我直接託洋將到美國幫我買整瓶止痛藥，隊醫看我這樣直搖頭，說我是把止痛藥當維他命在吃，我就問他一直吃止痛藥對身體有什麼影響，他就說只能多喝水盡量把它代謝掉，所以我從年輕開始就拚命喝水，一直到現在，肝臟腎臟都還算好。

有一次隊醫去跟山根俊英總教練說：「洪一中好像不舒服」，山根就回他說，「洪一中怎麼樣你不要來跟我講，他真的怎麼樣他自己會來跟我講。」我是真的從來沒跟他講過一次不舒服。我就是一直想要比賽，也不怕受傷，有什麼疼痛就靠止痛藥，如果是狀況好的時候，縱使有一些疲勞，我就會想辦法熱敷、找盲人按摩，一鼓作氣把它撐過去，等到全勤目標達成後，休賽季再休息。

除非是真的嚴重到止痛藥也救不了的狀況，比方有一陣子是手臂骨頭裂掉，打石膏沒有辦法下場，大概有一、兩個月的時間，但是我也沒有請過一天假，我還是每天到球場，

幫忙撿球、跑步，可以對球隊有貢獻又能維持體能。一般打石膏要六週，拆了後還要復健幾週，但我四週就覺得應該可以了吧？自己把石膏打掉，馬上開始活動身體，所以六週後我就上場了。二〇〇一年世界盃，又受到中華隊徵召再度當選國手，但那時候我的手肘很痛不敢講，本來長效性的止痛藥是二十四小時吃一顆，預賽還沒結束，我就變成十二小時吃一顆，最後一場對日本，止痛藥已經沒有辦法控制了，林華韋總教練問我可不可以上場，我是真的沒辦法，如果是職棒例行賽我也許會忍，但這場比賽太重要了，我不能拿台灣去賭，所以教練就換高志綱下去蹲捕，比完賽去看醫生，才知道我的手肘已經整個撕裂傷了。

以現在的職棒環境看我這樣可能會覺得很誇張，可是我那個年代的選手工作機會少，會很珍惜上場的機會，所以也比較吃苦耐勞一點。譬如說大家都會夢想要當國手，從少棒到成棒，就只有一個中華隊，全台灣打棒球的人，要爭取國家隊那二十四個名額。有些老資歷的國手一直都在，他可能從十八歲就入選國家隊，之後一直會入選，因為過去選拔委員喜歡挑有國際賽經歷的人，即使他在盃賽的成績沒有太好，仍然會入選，有既定的名單，所以只有幾個名額有輪替機會。

當年雖說是靠盃賽來當作國手的選拔基礎，大概有輔大、文化、合庫、台電、中油、陸軍、空軍這幾隊，比賽完後依成績從這幾隊中選出一隊，但事實上還是比較看選手的經驗和名氣。記得有一次，王光輝代表輔大打聯賽，拿下了打擊獎第二名，但因為選拔委員不認識他，就沒有選他。

我第一次入選是因為台灣第一次辦國際棒球邀請賽，我當時在兄弟飯店隊剛好拿下冠軍，又要選出白藍兩隊，名額比較多，才有可能考慮選我。即使如此，當時我仍然覺得不會有機會，所以才會安排結婚，因為我曾經有過一次失望的經驗，在當空軍的時候，我們拿下亞軍，我是空軍的主力捕手，而且我的打擊率很高，有三成九快到四成，那時候打完就很高興，隊上有當過國手的投手廖照鎔那天晚上還跟我說：「我們這次應該可以一起到左營訓練中心了吼。」我滿心期待，夢想終於可以成真了，結果隔天民生報一打開，我的名字還是沒有出現在上面，那次還是選兩隊，有六個捕手的名額，我依然選不上，當國手就是這麼難。

正因為能入選國手如此困難，能進去的都會很珍惜，哪敢說自己不舒服，也不會輕易

讓傷勢被教練團知道，都會去掩蓋。就像我第一次當國手，結果貪玩和郭李建夫比腕力那次，弄到手傷超痛，但就是要拚命冰敷、忍痛上場。不像現在要當國手有很多分級，能穿上國家隊「CT」衣服的人很多，每個球員幾乎都有當過國手的資歷，而且最後要進入職棒，也有五到六隊，還有分一、二軍。所以現在的選手如果有點不舒服就不會勉強，這次沒辦法打國家隊，未來還有很多機會。

以前練球，跑步跑多了，脛骨會痠痛，現代運動醫學有一種講法，這樣的酸痛叫做「疲勞性骨折」，這可能就要休息十天或半個月。我們以前也是這樣痛，但教練還會說練不夠，「會痠痛就是操得不夠啊！再來！」所以我容易以自己的標準要求別人，到現在還是會覺得很不可思議，為什麼有選手會因為肚子痛或是頭有點暈就不能上場？我知道昨是今非，以過去的時空背景來看現在的選手不太對，像是現在一個星期有五場比賽，不可能再有什麼連續蹲捕的紀錄了，也不應該要求球員去追求全勤，但難免還是會覺得，為什麼動不動就不能比賽？我也不太會去問隊醫球員可不可以出賽，因為自己身體的狀況自己最清楚，隊醫也不見得比球員了解，我的感覺是也不太能太倚賴隊醫的判斷，因為隊醫的原則一定是保護球員，但球員會知道自己行不行。老選手是受傷很怕教練團知道，現在的選手是受傷深怕教練團不知道，心態很不一樣。

棒球運動是團體戰，有時候需要犧牲一點小我，來完成大我才有辦法贏得比賽，假如每個人都照著自己的節奏去做的話，當球隊真的需要他的時候又用不上了。太看重每個小我會沒有辦法完全集中戰力，在某一個時間點一起發揮。所以我當教練時，只要戰力允許，就會給努力爭取上場、不輕易說自己不能出賽的選手多一點機會，而且通常越是這樣的選手，實力也是越好的，不排他要排誰。

我不是要求人人都像我一樣把止痛藥當維他命吃，這當然不是健康正確的觀念啦！但是我認為一直要有追求上場機會的心態，勉強自己，才能長久維持棒球生命。

◆「勉強自己」是我的職場座右銘，人一定會有惰性，也不會一直都很順利，做與不做就差在一念之間，如果不勉強自己做該做的事，就很容易放棄。

◆我從來不會要求自己成績要怎麼樣，我只要求自己一定要盡力，我每年只有一個目標，就是「要全勤」，這不是靠天分就能達成的，還得要維持自己身體健康，基本功也要好，才能隨時上場。

◆只要戰力允許，遇到不輕易說自己不能出賽的選手，我認為教練該多給他機會，通常這樣的選手，實力也是好的。

◆我是一個絕對不遲到、不早退，不輕易請假的人，要和我競爭捕手的位子只能憑實力，教練永遠不會聽到我喊累需要休息。

◆能夠當球員的時候就不要當教練，能夠當教練的時候就不要當總教練，只有把每個階段都做到盡，整個棒球生命才會長。

◆要有「不把自己當老將」的信念，當自己是老將，只會想說加減打一支，加減投一球。要永遠保持年輕的心態，就是要拚，雖然不一定會贏，但是下墜的幅度會很小，慢慢地一點一點退。

◆辛苦是最幸福的，每當有人跟我講辛苦了，就表示我還有工作。

◆棒球運動是團體戰，有時候需要犧牲一點小我，來完成大我才有辦法贏得比賽。

2-2

每場比賽都是第一場比賽

六小時十一分鐘的二十一局史詩大戰

中華民國六十八年
全國成棒甲組秋季聯賽

比賽日期：九月十五日

參賽隊伍：味全（文化大學）
　　　　　葡萄王（輔仁大學）

比賽地點：台北市立棒球場

比賽結果：味全一比〇勝葡萄王（勝利投手，黃廣琪；勝利打點，陳進財）

比賽時間：下午四時至十時十一分，共六小時十一分味全隊先發名單：

投手　黃廣琪（二十一局七十四人次二百三十五球）
第一棒　陳昭銘　捕手
第二棒　余富誠　三壘手
第三棒　楊清瓏　一壘手
第四棒　趙士強　指定打擊
第五棒　李居明　左外野手
第六棒　陽介仁　右外野手
第七棒　鄭幸生　游擊手
第八棒　黃清文　中外野手
第九棒　陳進財　二壘手

葡萄王隊先發名單：

投手　莊勝雄（二十一局七十四人次二百四十一球）

第一棒　林華韋　三壘手

第二棒　黃志雄　右外野手

第三棒　董國華　左外野手

第四棒　葉志仙　二壘手

第五棒　李明憲　指定打擊

第六棒　黃永祥　一壘手

第七棒　李文瑞　中外野手

第八棒　許永金　游擊手

第九棒　洪一中　捕手

賽事精華

雙方投手在前九局皆完美壓制打擊，進入延長賽後也僅讓對手偶有零星攻勢仍無功而返。比賽一路維持〇比〇直到第二十一局上半，味全隊第七棒鄭幸生擊出游擊方向滾地球，葡萄王隊游擊手許永金失誤，無人出局攻占一壘，下一棒的林易增犧牲觸擊失敗，自己站上一壘，但隨後他盜二壘成功，接著由九棒陳進財適時擊出穿越一、二壘間的安打，幫助林易增跑回本壘得分。

第二十一局下半，一出局後葡萄王江泰權獲保送上壘，下棒林華韋打出游擊方向滾地球讓江泰權上到二壘，王俊郎擊出高彈跳滾地球，差點形成內野安打，江泰權已奔回本疊，但最後裁判仍被判定王俊郎在一壘前被刺殺出局，葡萄王最後以一分之差敗北。

（資料來源：時任葡萄王棒球隊經理簡永昌先生的逐場紀錄簿）

與會人士話當年

資深球評曾文誠先生，為味全整理創隊過程之口述歷史中，亦有記載這場台灣棒球史上傳奇經典賽事的相關訪談。味全和葡萄王在當時總是很有世仇對抗的火藥味，時任味全總教練陳潤波就表示，不知道為什麼，球員每次碰上葡萄王隊就特別拚命。前民生報記者林將則推測，因為這兩支球隊有從美和、華興到輔仁、文化一路打上來的傳統對抗性，只要一碰頭就特別拚，誰都不想輸給對方。當時味全的投手黃廣琪就說：「每次和莊勝雄同場比賽，我的鬥志也特別高昂。」在這樣的氛圍下，又加上秋季賽是屬於循環決賽，不能打和算績分，一定要分出個結果不可，才造就了這場史詩賽事。除了黃廣琪自己，從許多味全球員的談話內容中，也都能感受到當時投手對決的意味。

張永昌：「兩邊的投手表現實在沒話說，莊勝雄也好，黃廣琪也罷，大概都投出了他們在國內的代表作。兩隊投手都這麼好，其他的投手都是多餘的，雖然教練有叫我們在場邊隨時準備，但誰都看得出來，這種比賽就是這兩個定生死了。」

鄭幸生：「也許你會覺得九局兩支球隊加起來將近二十位選手，居然打不到半分是不可思議的事情，絕不是兩隊的打者不行，而是投手實在是太好了，沒有一位投手能夠每一場都保持在最佳狀態，但偏偏葡萄王的莊勝雄、味全的黃廣琪兩個實力最好，而且狀況最好的一天都碰在一起了。」

李廷壁（前味全公司廣告服務部副理）：「看著兩個投手一局接著一局地投下去，我們在休息區內看了實在也很不忍心，但這種比賽很明顯呈現出的一種狀況是，哪一隊先換投就會輸球的結果。」

林易增：「莊勝雄的狀況好，所以要打到他的球很難，最後我只好出奇招，球快要進壘前我不打球而是看能不能敲中捕手的手套，那麼我就可以因為捕手妨礙打擊而被判上到一壘，不過對方捕手洪一中也是精得很，一直沒有讓我得逞。」

投手宰制全場，因此讓打者林易增出現這種出奧步的念頭外，也有很多打者陳述了當時自己萬念俱灰的有趣心情，甚至比賽最後也是靠場邊出奇招才突破僵局的。

余富誠：「每一局兩隊都是零分、零分、零分，打到後來都不敢看已經是第幾局，甚至到了後來，精神稍不集中就開始胡思亂，『希望』對手趕快得分算了，哈！」

趙士強：「這場比賽從下午四點開打，我們想頂多打個三個小時就能結束，所以賽前大家只簡單地吃了點三明治，但到了七、八點時比賽竟然還沒有打完，大家餓得簡直是頭暈眼花。」

王俊郎：「這一仗第一累的是投捕手，第二累的是誰你知道嗎？是我們這些當外野手的，這場比賽葡萄王是坐在三壘邊的休息區，而我守的又是右外野，所以這來來回回加起來比跑馬拉松還累，後來實在累得受不了，就開始喝葡萄王出的『康貝特』補充體力，而且是每一局就喝一瓶，你知道那種東西不能喝太多的，但我就是不管它猛灌，等喝到第十五瓶時，隊友就說我一定會死翹翹。」

李廷壁：「一出局二壘有跑者，這是我們味全大好的得分機會，輪到的又是今天打得最好的陳進財，雖然他很有打安打的機會，但為了鼓勵他，我和領隊就在他上場前對他說：『阿財！打安打賞五千元。』你知道那時候五千元台幣有多好用嗎？所以我想這招重賞絕對會有用的。」

陳進財：「不是開玩笑的，聽到打安打有五千元，球的縫線都看得特別清楚。」

這場史詩對決就在「重賞之下必有勇夫」中分出勝負，日後每當有長時間延長賽或投手用球數多時，便時常被媒體和球迷們拿出來重溫，最常為人津津樂道的當然是雙方投手皆完投二十一局燃燒手臂的超人演出，但是從未有人關注過，雙方捕手同樣都蹲捕了二十一局，各配出三百餘球的驚人表現。

直至當年葡萄王隊的投捕搭檔莊勝雄與洪一中，多年後再度在中華職棒的 Lamigo 桃猿隊聚首，才因洪一中已經成為台灣棒壇的傳奇總教練，而受到媒體注目。但是當記者問起洪總當時的比賽，是如何能做到不停配球，他卻不像口述歷史中那些味全隊球員們記得許多細節，表示他已經全部忘光光了。因為對洪總而言，過去就是過去，他只關心，現在要打的這場比賽。

開賽喊 Play Ball，就開始玩球了

我很少會去回顧有過什麼豐功偉業或是慘痛經驗，永遠只在意正在比的這場球賽，我認為專注於每一個當下才是最重要的，把心態歸零，起點就從每一場主審喊 Play Ball 的時候開始。

二〇〇三年國際棒球賽事同時有世界盃和亞錦賽，中華隊組成兩隊分別參賽，我是屬世界盃那隊的教練團成員之一，在古巴打完世界盃後沒有回台灣而是直接飛日本，隨隊到札幌巨蛋當亞錦賽那隊的靶子隊。因為那年的亞錦賽很重要，前兩名可以取得隔年雅典奧運的參賽資格，所以當時亞錦賽的捕手葉君璋非常緊張，在比賽前一天晚上跑來問說：「前輩，我會緊張怎麼辦？」

我告訴他，「那是好事啊！我從以前比賽到現在，哪一次不緊張的？你緊張就是在意，如果你不在意，你哪會緊張，如果你是來玩的，就不會緊張啦！會緊張的話講出來就好了，

像你現在來找我講，很好，多講幾次，明天開賽時接幾個球以後，你心裡就會篤定，就不會緊張了。」後來他跑來謝謝我說，「真的，比賽一開始我就好了。」然後他都表現得很好，還不是帶著中華隊打進雅典奧運。

我在當選手時，雖然會緊張，但我不太會亂，緊張反而讓我注意力會更集中。就像我和葉君璋講的，即使打了很多年，上場前其實我都會很緊張，我覺得這是在意球賽的表現，所以會緊張是好事。我也常會跟選手講，緊張是很正常的，緊張時不要去壓抑它，人家問你的時候，你還要裝作自己很輕鬆，氣定神閒，我最怕就是這種人，這樣通常最後都會很慘，因為越壓抑，狀況一來你就越容易亂掉。要把緊張講出來，讓別人知道沒關係，講多了就會比較好，主審一喊 Play Ball 時，就會忘掉了。

特別是在國際賽那種短期的賽制裡，壓力已經夠大了，不能讓腦子太複雜，賽前把任何焦慮感盡量從腦袋裡丟出來，一旦比賽開始，就專心 Play ball 什麼都不要想。

打棒球活在當下是很重要的。我常說，不要去追求紀錄，不管是當球員還是當總教練，我們的工作只有一個目標，就是「幫助球隊贏球，最後拿下總冠軍」。也不要去想過去，

棒球是高失敗率的工作，失敗比較常有，過去就過去了，一直回想只會影響現在的表現。無論成功或失敗，榮耀或痛苦，它終究都會過去，只有每一場都當第一場來打，每一次的Play ball 喊聲開始，就是全新的一場比賽，才能保持最專注的心態。

二〇一一年莊勝雄回台灣擔任 Lamigo 桃猿隊的客座教練，媒體問起我和他在一九七九年搭檔的那場二十一局大賽，他笑說什麼都不記得了，也很驚訝原來當時合作的捕手就是我，可能是年代太久遠，也可能是我只短暫讀輔仁大學一個月後就轉學到文化大學，所以他想不起來。但我覺得最有可能的原因就是，對棒球史上或是媒體而言，那是一場史詩大戰，可是對於當時的我們來說，它不過是我們打過眾多球賽裡的其中一場球賽，只是打得比較久一點而已。

很多人問我當時的過程，還有我是怎麼撐下來的，我也完全想不起來。因為莊勝雄和我就一直專注在每一局投球和配球，也沒有想太多。而且在那個年代，學生的賽事遇到延長賽一直投下來是很自然的事，沒有什麼要保護選手不能亂操這種觀念，結果莊勝雄也沒有操到受傷，還不是去日本投了那麼多年。就算是年輕體力好，二十一局當然還是會累，不過是回到家才會感覺累，比賽時是很亢奮的，只有要拚輸贏的心情，也不會感覺到打了多久。

我只記得一個比較有趣的狀況是，業餘盃賽一天都會打好幾場，下一場比賽的選手會在上一場比賽快結束時在場邊熱身。那時候我們好像是下午四點的比賽，下一場台電對陸軍是七點，我們打到第八局的時候，壘上有人，下一場的那兩隊就想說要得分了，就開始熱身，結果沒有，他們又坐下來休息，結果到第十局、十二局，一直等都等不到比賽結束，他們就這樣一直在場邊熱身、休息、熱身、休息，打到最後都十點多了，他們才放棄。我們等於打了兩場多的比賽，他們在旁邊陪坐一場，也是滿倒楣的。

因為我在棒球這個領域很長的時間，自然比別人多了一些創紀錄的機會，我有很多勝場紀錄，那些勝場的比賽內容裡，又有可能有球員創了一些紀錄。但我總是老話一句，「這些紀錄很重要嗎？贏球比較重要。」勝場數字的累積我不在意，因為每一場勝利，我都看成是我的第一勝。

我就是一個每一場都想贏的人，因此很難滿足，所以在我身邊的人也很辛苦。有些教

練會勸我不要為了輸球難受，開玩笑說我每一次都總冠軍，都贏到別人沒飯吃了。太太也會念我，成績已經這樣了，為什麼輸一場球就要死不活的。我也覺得這樣不好，但我就是改不了，只能說我這個缺點也是我的優點，如果我沒那麼想贏，也許就不會有這些成績。

我打過二十一局的比賽、連續蹲捕過二千多局、執教到現在擁有九九一勝。但是不管在棒球場上多少年，有多少紀錄，比賽前我還是會緊張，可是一開賽我的緊張就會轉化成興奮，因為我都告訴我自己，每一球都是新的一球，每一局都是新的一局，每一場都是新的一場。

場內總教練，一念定江山

可能我總是用全新的眼光去看每一場比賽，所以我永遠都會覺得自己不足而樂於學習，我的運氣很好，捕手這個工作剛好就是一個可以學到最多的角色。也不是說我刻意要去學習什麼，是很自然的必須學，棒球的所有守備位置中，捕手要做的事最多，因為球場上的所有事情都和捕手有關係。捕手要幫投手配球，投捕之間的暗號是由捕手來發動；總教練要打暗號出去，也是先發給捕手；捕手最能清楚看到壘上的狀況，總教練有時候判斷和處理還沒有捕手快，所以捕手就是場上的指揮官，要立即調度守備，還要適時給投手和守備群信心。

我的選手時期就一直受到這樣的培養，從小就必須要決定很多事情，因此在當教練時，自然會比別人快一點進入狀況，發生突發事件時下決定也比較果決。日本人曾做過研究，發現捕手最適合當總教練，因為事實上，捕手就是一個場內總教練，場上的任何暗號和調度都和他有關，他考慮的面會比較廣一點。再來依序是內野手、投手，最後才是外野手，因為外野手和場內的事情最沒有關係，只要守好自己的位置就好，戰術這塊就比較少接觸。

當然我不是說外野手不重要，我只是說每個人都有比較適合的角色，普遍來說就是捕手對於當總教練比較容易上手而已。像我就做不好外野手，以前在雷公隊的時候，有一次徐總突然叫我守外野，我就漏接，因為球到一個高度，進到那個燈的範圍就會看不到。以我接球的能力，捕手上方高飛球，都可以輕易接得到，但是到了外野就不一樣了，我不像

外野手很習慣，球快要跑到燈時，他們知道要怎麼閃角度，我不熟悉，就會覺得球怎麼不見了？

捕手適合當總教練，那什麼人適合當捕手呢？現在有很多大砲型的捕手，身材比較壯碩，不過以前總教練挑捕手多半挑像我這種比較瘦小的，因為捕手要蹲很久，又要一直蹲下又起身，瘦小的人，身體負擔比較不會那麼重，比較不會累，靈活度也高一點。再來就是要挑像猴子一樣調皮搗蛋的，因為通常調皮的人腦筋都轉得快，我小時候就是一隻猴子，不管身材或個性都是。

捕手的腦子要一直轉，而且要轉很快，總教練也是這樣。我第一次當國手時，我們對義大利那場比賽，七局一壘有人，郭李建夫投出一好兩壞，我比了一個吊球的暗號，他有一點猶豫，想說奇怪為什麼比這個，因為如果沒吊中打者，就會變成一好三壞，再下來就可能變保送，那不就會變成一、二壘有人？我們那時才領先一分，風險非常大，所以郭李退開投手板再進來，暗示他的顧慮，但我還是堅持我的判斷，繼續比出吊球的暗號，結果我一吊出來，對方剛好下戰術，我就把二壘跑著觸殺掉了。最後我們贏了比賽，教練誇我說是捕手有在用腦筋，不過當時我真的嚇出一身冷汗，後來想想我也很佩服自己，挺有膽識的，假如當時我怕錯誤被罵的話，就不敢這樣做了。

用腦很多也難免會有想太多的時候，反而會影響立即的判斷，要想辦法避免。因為棒球是本能運動，在危急的時候，只能靠本能反應，在危急時自己本身的東西會跑出來，不能猶豫，所以平時不能讓思緒亂掉。我在兄弟隊時，森下正夫總教練有一次在賽前公布先發名單的時候，居然叫我去守一壘，但我也不敢問為什麼，教練排了就乖乖去守。結果比賽完，森下教練才跟我說，「你知道我為什麼派你去守一壘嗎？」，我回不知道。他告訴我，「因為我看你長期蹲捕手，這幾場感覺思緒有一點亂，因為你沒守過一壘，感覺會很新鮮，會專心想說等下要怎麼站、怎麼跑位，就會把捕手的事情都丟掉，思緒就會轉回來了。」森下教練真的很厲害，我當時確實有點亂而不自知，我覺得他說得非常有道理，那天去守一壘真的就像他說的，感覺很新鮮但也怕搞砸，整場比賽非常專心，所以這次的換位守備真的對我很有幫助。

我跟森下教練學到很多，我對於這種調度很有興趣，所以比賽完我會去和他討論，我

自己還有做一本跑位的書，畫圖、畫動線，到現在都有留著。我在帶 Lamigo 桃猿隊的時候，春訓時都會拿給教練團看，針對這些做訓練，球打到哪裡，誰要去補位這些。

森下教練那時候就有跟洪老闆講，兄弟隊最適合當總教練的人才就是洪一中，我本來不知道，是森下教練回日本很多年之後，球隊的管理在某次聊天時才告訴我的。但是我後來去了那魯灣沒有留下來，離開時洪老闆很生氣地罵我，說他這輩子只有看錯兩個人，我就是其中之一。我可以理解他的氣憤，但是我選擇離開有我的原因，也沒有後悔。最終我確實當上總教練了，只可惜不是帶領兄弟象，我很感激洪老闆和兄弟象隊教練們當年給予我的養分，所以我能做的，就是為台灣棒壇貢獻我學習的經驗。

曾紀恩和徐生明教練，也曾經突然換過我的守備位置，不過教官和徐總當時沒有像森下教練那樣告訴我為什麼，現在也沒有機會追問了。

曾紀恩教練雖然很嚴格，做事一板一眼，但有時候我覺得他用人有點無厘頭，在美和中學給他帶的一次全國選拔賽，他居然會想派我去站投手看看，那也是我選手生涯唯一一次當投手。當時我們的對手是強敵長榮中學，這麼重要的比賽，教官卻敢在第七局的時候，讓我去接替投手高明順，而且那場比賽我並不是先發捕手，就這樣臨時把我叫上去。我猜可能是在賽前練習時，我會幫別人餵球，教官會在打者後面看，我的變化球角度都滿大的，所以他大概覺得我還可以，算是出奇兵吧。最後比賽結果我不記得了，但是教官再也沒有叫我站過投手了；徐總也只讓我去守外野過一次，我果然還是不適合捕手以外的位子吧。

棒球學問多，當研究型選手收穫多

捕手這個位子我自認頗能勝任，除了我很愛動腦，也很認真做功課。場上的調度，我會畫出跑位圖以外，捕手最重要的工作配球，我也花了很多心思在上面。我會去研究別人如何配球，我們那個年代，系統性的教學不多，也沒有什麼情蒐，所以就自己研究。比方在家看別人的比賽，我會自己跟著配球，結果投出來的不是我想的，又剛好被打全壘打，我就會去想如果是我配的會如何。

我配球時會站在打者的角度來思考，我會想打者大概會如何猜投手投的球種。我也會對投手「投其所好」，我會配他偏好的球路，所以投手要投時就會想說「我也是這樣想耶」，就會很有信心。我不會太強勢要他一定要用我配的球，因為如果他搖頭，我還是堅持，雖然照投了，可是可能會投得比較沒有自信，如果我們意見一樣，投手就會覺得很順。除非是為了場上需要，我的直覺認為必須如此，我就會堅持，像和郭李在世界盃對義大利的那次吊球。當然回休息室後我一定會和投手溝通，告訴他我為什麼堅持這樣配。這樣久了就會累積信任，投捕間會越來越有默契，我就越知道他的想法，意見就越常一致，投手自信心就越足夠，表現就會越好。

每次有新洋投來時，沒那麼熟悉，我也都會先和他溝通，問他以前在比賽時最有自信的是什麼球路，比較喜歡投什麼球，大致去了解一下，或是在練習時我也會觀察他擅長的球種。所以從前我偶爾沒先發當捕手時，投手都會沒信心，像洋投看我沒出賽，會問教練我怎麼沒先發，還會問我是不是不喜歡他？能夠和投手培養出這種關係真的很好，在兄弟隊時和克力士、巴比諾或是陳義信搭配，我們都很有默契，所以要上場比賽前都超有信心，三連霸的時候特別喜歡到球場的感覺，就覺得今天要贏球了。在那個年代半季只有打四十五場時，我們曾經有一個半季是三十四勝十一敗，是高達七成多的勝率，即使輸一場也都還可以接受，因為有信心接下來會贏兩場。

還是要說當捕手真的很辛苦，穿全身護具熱得要命，又要一直用腦，還要記暗號，又要打擊，球隊勝敗都跟捕手很有關係，責任重大。訓練上也比一般野手辛苦得多，野手要做的都要參與，還要另外操下盤。更慘的是，捕手最常要挨觸身球，我常說我全身上下除了腳底沒有被打到過，每個部位幾乎都無法倖免，重要部位被開玩笑說會被打到不能生（不過還好我有三個女兒啦），其他破相、骨頭裂開什麼的全都有過。

我想能當捕手的人，耐受力也因此比別人強大，身體和心理素質都被操得很勇，好的選手會讓這個東西留在身上一輩子。像是我選手時期最大的競爭對手曾智偵，也擁有這些特質，我們年輕時都不服輸，都想要超越對方，那是一種相互敬重，激勵自己更進步的動力。我們到老了還是一樣，在傳奇明星對抗賽碰頭時，都五十幾歲的人了，他還在那邊傳二壘阻殺，跟我拚誰蹲得比較久，很好笑。但我知道他能做到這些，就是因為跟我一樣還

一直在球場上活動，維持很好的體能，能夠如此都是從年輕時就養成的。

當捕手一定要有吃苦當吃補的正向心態，因為捕手是付出最多但也是得到最多的。我到現在即使當上總教練要二十年了，還是會在空閒陪小女兒看球賽時，研究別人的配球和戰術想法，棒球的事變化萬千永遠學不完，沒有一場比賽會是一樣的，所以每一場比賽都應該會很有新鮮感，主審 Play Ball 一喊，就是全新的一場比賽。

洪總的職場生存觀

◆ 比賽前會緊張表示在意，會緊張是好事，不要去壓抑，要把緊張講出來，賽前把焦慮感盡量從腦袋丟出來，主審一喊 Play Ball 時，就會忘掉了，可以專心什麼都不要想。

◆ 緊張時裝作自己很輕鬆，通常最後都會很慘，因為越壓抑，狀況一來就越容易亂掉。

◆ 無論成功或失敗，榮耀或痛苦，它終究都會過去，只有每一場都當第一場來打，才能保持最專注的心態。

◆ 勝場數字的累積我不在意，因為每一場勝利，我都看成是我的第一勝。

◆ 棒球是本能運動，在危急的時候，只能靠本能反應，所以平時不能讓思緒亂掉。亂掉時換位做別的有新鮮感的事，先專心在別的地方，之後思緒就會轉回來了。

◆ 捕手要認真作功課，我會自製跑位的書、研究別人如何配球，配球時會站在打者的角度來思考，還會對投手投其所好，配他偏好的球路，投手覺得我們意見一樣，就會比較有信心投得很順。

◆ 球場上的所有事情都和捕手有關，捕手要配球，接收並傳達總教練的暗號，還要臨場判斷調度守備，所以可以學到很多東西。

◆ 捕手很辛苦，護具很熱、要一直用腦，又要打擊，勝敗都跟捕手很有關係，責任重大，訓練也比一般野手辛苦，還最常被球打。當捕手一定要有吃苦當吃補的正向心態，因為捕手是付出最多但也是得到最多的。

2-3

練習做到一百分，上場才有九十分

天行健，君子以自強不息

取自《易經》第六十四卦「象」，孔子解釋其意義為「天行健，君子以自強不息。」意旨人們仰觀天象，看天體運行，強而有力，周而復始，晝夜不息，有品德的人應該要效法。

思想家梁啟超先生曾在清華大學演講中，提及成為真君子的條件時，引用了這段話來勉勵學生，期許學生做學問要自強不息，而後也成為了清華大學的校訓。

天道酬勤、業精於勤、行成於思

「天道酬勤」之原始出處不可考，一說取自《易經·謙卦》的「勞謙君子，有終吉」，意指辛勞而謙卑的君子會有善終；一說出於《書經．湯誥》提及的「天道福善禍淫」，意指上天勸人為善懲罰惡者，因此人為善會蒙福，為惡則得禍。總和來看，天道酬勤的意思是指上天會厚報勤勞的人。

「業精於勤、行成於思」源自唐宋八大家之一的韓愈的勸世文，韓愈幼年窮苦，但靠著勤奮好學，最終出任官職。因此他在著作《勸學解》中曾說到：「業精於勤，荒於嬉；行成於思，毀於隨。」其意涵為學業能因勤奮而精通，但會荒廢於嬉笑之中；事情可經反覆思量而成功，亦能毀滅於隨便行事。

中華職棒傳奇總教練洪一中，曾於其執教之 Lamigo 桃猿隊春訓開訓時引述古文「天道酬勤、業道酬精」八字來勉勵球員，期許選手們不只要比別人更勤勞練球，還要多動腦思考如何精進自己，才能持續在這個職場上生存下去。Lamigo 桃猿隊自二〇一一年起，在洪一中的領導之下，在九年內共獲得九次季冠軍，六座總冠軍。

練不一定會有成績，但不練一定會失敗

棒球的失敗率很高，掌握不了，所以我只有一個觀念，就是練。

在春訓期間，我要求的訓練量都很大，當然選手也會因此反彈，在 Lamigo 桃猿隊時期一開始我操他們的時候，有很多選手不認同。這是因為他們會把練習量和成果劃上等號，但不是這樣的，不是今年練這麼多，就一定會有什麼成績。

那時候我時常跟陳俊秀、林泓育他們講，「我現在操你們這麼多，不是要求你們今年成績要怎麼樣，或是說你們明年成績就一定會怎麼樣，你們現在練這些，是在為五年後的自己做準備。你們現在練得很扎實、練很多，只是在延長你們的運動生命，如果當下成績也有打出來，要想成那只是附帶的價值。」

要讓球員真正能體悟這個道理很困難，因為練很多，結果成績不好，人就很容易喪志，今年成績不好，明年就不想練這麼多了。延續運動生命這種事現在又看不到，很難去想像，

人只能看眼前的成績表現，球團也只會看眼前的成績表現，這也是很正常、很現實的事。但是至少要能體認到練不一定會有成績，但是不練一定會下降，所以還是要練。

還有人會覺得練太多反而是操壞選手，但練習是維持水準，並不是過度使用，這是有差別的，我只是把練習的強度比照正式比賽的水準來操作。比方說，我會從春訓開始前就確定好選手的角色定位，春訓時，就以他的定位照平常賽季的狀況去練，先發投手是投一休四的節奏，中繼投手就是每天練投大約三十顆球。當正式比賽時，我會依每個人的能力去看投球數，超過平均值並不是我在操他，而是我知道他可以，我也知道用球數過多會導致疲勞。野手則是有三把刀：守、打、跑，不管被定位在哪個守備位置、哪個棒次，守備基礎、打擊強度和跑壘衝刺，這三件事也都是要練的，尤其是守備一定要重覆接到一個量，沒辦法偷吃步。當然還有守備的布陣、不同狀況的跑位，這些團隊訓練也很重要。

另外一個我認為勤練很重要的原因是，運動跟念書不太一樣的，念書花越多時間，就算不比別人聰明，多兩倍時間多少會有點成果，因為念書有固定的標準答案；但運動不是，尤其是棒球，它的掌握度很低，沒辦法複製。練習是為了練反應力，要練到反射動作，

比賽狀況瞬息萬變，沒有時間讓你思考，只能靠本能反應。所以練習的時候不能太輕鬆，會導致比賽時容易失誤，這就會是「荒於嬉」。

我在兄弟隊第一次打總冠軍戰時，非常緊張，緊張到連出局數都會忘記，那個時候腦袋其實是空的，除了配球沒有辦法多想別的。可是我一看到林克在二壘離壘太遠，我就馬上跟二壘手比個暗號，一接到球我就傳二壘把他阻殺掉了，那是很關鍵的一次守備。這不是總教練跟我下什麼戰術，或是我設定好有人上壘就這麼做，我覺得那就是我說的本能反應。然後下一局我又打了一支關鍵安打，所以最後拿到了總冠軍賽賽ＭＶＰ。我平常努力練習有在想要拿什麼ＭＶＰ嗎？我只想我要可以一直繼續打球而已，能因此有什麼成績就是附加價值。球員生涯我也只得過這麼一次總冠軍賽ＭＶＰ，可是我打到四十二歲，這對我來說比較重要。

我在訓練的時候常告訴選手，在練習的時候就要做到百分之一百，在比賽的時候才能做到百分之九十。但是很多選手往往都相反，在比賽的時候想要做到百分之一百，可是在練習的時候只想做百分之九十。覺得這只是練習沒壓力，幹嘛要認真？墊一步再傳也沒關係啊！但是在比賽時會有壓力，也可能會有場地不可控的狀況，急著想要傳就會暴傳。練習是不怕失誤的，但是比賽不能失誤，所以在練習時每一次都努力做，做到反射動作，比賽時才不會失誤。

之前在Lamigo桃猿隊時，我們常有機會和日韓的球隊打交流賽，我也會把它看做是練習的一種，所以這種交流賽我一樣要求球員要全力搶勝，雖然壓力小一點，但因為想贏就要做到百分之一百。更何況是和普遍實力高於我們的球隊對戰，那這樣就會越練越進步，還有可能把能力從百分之一百推進到百分之一百二十，回到台灣比賽時就有機會發揮百分之一百的表現。

我覺得老一輩教練講的話，是很有道理的，「練習要當比賽，比賽要當練習」，這才是真正要訓練的態度。練習做習慣了，比賽自然就會有穩的表現，練到心裡很篤定，比賽時才能平常心放鬆面對，就會有正常水準的演出，不是還有一句俗話叫「習慣成自然」嗎？

春訓結束，名次就決定了

我常舉個例子來談二軍的重要。買一部車的時候，不會特別去問車商說，這部車裡有沒有備胎，但是遇到爆胎時就會知道備胎的重要。職棒一年比賽那麼多場次，一定會有受傷，可能有人會說那就多準備十個人在板凳待命，有人受傷換他們上就好了。重點就是那十個人，一直坐在那裡長間沒有比賽，突然上來是生疏的，就像備胎沒有氣也是沒有用的。棒球和其他運動不太一樣，很需要團隊同時維持球感，比方說NBA某支球隊有一年沒練習，他們來台灣比賽，我們可能還是打不贏；但是如果大聯盟的球隊，半年都不練習，來台灣跟國家隊打，就打不贏了。

春訓就像二軍一樣，就是一個很重要的賽事預備。以前每年球季Lamigo桃猿隊在一開始三、四月時，通常和其他隊的戰績都差不多，但是到了五、六月就有一波會上來，然後就順順地拿到上半季冠軍，保證能進季後賽了。為什麼會這樣？因為當每個人春訓都練得很勤，體能有耐受力，到五月台灣天氣開始變很熱的時候，其他隊的人體力會衰退，可是只有我們的球員還是能有穩定表現，當然就變比較好啦。外人看常會覺得 Lamigo 桃猿隊怎麼一下子就跑出來變冠軍了？其實只是因為維持平穩，在春訓時有把根基打好，就比較不會往下沉。

所以我常常講，「春訓結束，名次就決定了。」

因此 Lamigo 桃猿隊連霸的時候，我每年到了春訓，還是戰戰兢兢，要求球員一定要勤練。現在很多球員會覺得我的訓練方法過時，但我覺得有些古老的智慧能延續千百年不是沒有道理的，像是以前人講過一句話叫做「天道酬勤、地道酬善、人道酬誠、商道酬信、業道酬精」，我不求把選手練到最強，但一定要是最勤快的，因為我覺得老天爺會幫助比較勤快的那一方。至於要如何再進一步求強？就是要靠個人的意志去追求精了，台語有一句話「認真，是不夠的，要更細心」，多花腦筋思考怎麼讓自己更進步，這個就是教練沒有辦法幫的。

職業球員的運動生命很有限，所以反而要看得長遠，要想辦法延續。一定要想著現在被操很好，要練得很起勁，想著這不見得是為了今年的成績，而是為了明年還可以繼續打，

如果現在不練，明年就衰退了。如果能這樣想，就能永遠保持認真練習的態度，不會受到實際成績的干擾。不然再好的選手都難免會遇到低潮，一旦碰上表現有點不好，就一定會覺得練得要命也沒用，就不會想再練，那就更快會走下坡。每次我遇到球員低潮，也是會很難判斷要等他多久，棒球就是這麼困難，所以不管怎麼樣，我覺得唯有在春訓的時候做好準備，努力練習維持，才比較可以減少這種狀況發生。

一個球員有三個缺一不可的必備條件，身體、心理和技術，這些都可以靠練的。精力是會越練越強的，勤快地練習，身體會形成一個保護膜，習慣那個強度，反而比較不容易疲勞，不容易受傷。想著練習是為了延續，而不是當下成績，心態健康，碰上低潮就比較能克服；每次練習都百分之百投入，內化成本能，正式上場遇到狀況也比較不會慌。技術練得純熟，底子打好再多動腦筋思考如何精進，就可以持續不斷地進步。

棒球最困難的地方，在於它無法掌握，還有它不能光靠一個人的表現，能不能贏球取決於團體。所以我才會這麼看重春訓的練習，因為只有每一個人做好本分，勤練出最強的身心和技術，整個球隊才會強。

◆天道酬勤，老天爺會幫助比較勤快的那一方；業道酬精，勤快以外還要不斷地精益求精。

◆現在練得很扎實、練很多，是在延長運動生命，不一定會和成績劃上等號，如果當下成績也有打出來，要想成那只是附帶的價值。

◆棒球的掌握度很低，練習是為了練反應力，要練到反射動作，比賽狀況瞬息萬變，沒有時間讓你思考，只能靠本能反應。

◆在練習的時候就要做到百分之一百，在比賽的時候才能做到百分之九十，練習是不怕失誤的，但是比賽不能失誤，在練習時每一次都努力做，比賽時才不會失誤。

◆和比自己強的對手練習，一樣要百分之一百投入，這樣有機會把能力推到百分之一百二十，比賽時就有機會發揮百分之一百的表現。

◆練習要當比賽，比賽要當練習，練習做習慣了，比賽自然就會有穩的表現，比賽時

平常心放鬆面對，就會有正常水準的演出。

◆ 永遠保持認真練習的態度，比較不會受到實際成績的干擾，再好的選手都難免會有低潮，唯有在春訓的時候做好準備，才比較可以減少發生率。

◆ 每一個人做好本分，勤練出最強的身心和技術，整個球隊才會強。

2-4

保持熱情，就是快樂打球

台灣男孩與美國女孩

台灣高雄

鼓山少棒的小六男孩阿中，剛剛結束一整天的魔鬼訓練，一邊收拾球具一邊抬頭望向升旗台上的時鐘，已經晚上十點多了，他拖著疲憊的步伐，搭上最後一班公車，要坐回前鎮的家。

美國舊金山

費里蒙國小十一歲女孩潔西，剛剛放學回家吃完點心，又和小狗烏妮玩了半小時，她看一眼手錶，差不多要四點了，她踩著開心的腳步，換好運動服，和烏妮一起跑向客廳找媽媽。

台灣高雄

為了備戰全國少棒選拔賽，阿中已經沒日沒夜連續操了三個星期，上星期還因為輸掉分組競賽，連唯一的星期日休假也被教練沒收了。平日一早到校就要跑操場、練體能、傳接球，除了國語和數學，其他課都不用上，中午吃過飯後就練擊球、守備、跑壘，或是分組對戰，一路練到（很少見到的）同學們都放學回家了，晚餐過後繼續練，學校熄燈了教練再打開探照大燈繼續練。

美國舊金山

媽媽將潔西載到海灣綜合運動中心後，就去一旁的休息區坐著看雜誌。體能教練威廉把今天的訓練菜單拿給潔西，她看完記下內容，就開始照表操課。她按下計時器，單項訓練所需時間一到就換做下一個項目，每做三個項目就休息五分鐘，做完一整套內容後，潔西會停下來擦汗、喝水、上廁所，然後再重複做一次。全部完成時剛好快六點，潔西一邊收拾東西一邊和威廉討論一下今天的訓練心得。

台灣高雄

從鼓山回前鎮差不多四十分鐘車程，累壞的阿中趕緊把握時間休息，一坐下來就呼呼大睡。夢裡面，他看到自己當上國手出國比賽，得了冠軍載譽歸國，和隊友們神氣地站在吉普車上在台北市遊行，接受民眾熱情歡呼。他看到爸媽特別北上站在路旁向他招手，正當他興奮地抬起手想回應他們時，吉普車突然停下來，一旁的隊友猛搖他的肩膀說，「阿中，阿中，教練叫我們回去練球！」他瞬間驚醒，抬頭一望，司機搖著他的肩膀說，「小朋友，這裡是總站喔！」原來他睡到坐過站了。

美國舊金山

坐上媽媽的車，潔西望著窗外沿途的景色，看到一個小男孩從冰淇淋店走出來，她笑了。有氣喘的她在十歲以前從沒能嘗到冰淇淋的滋味，是傑姬．喬伊娜克西（Jackie Joyner-Kersee）改變了她的命運。三年級那年在課堂上讀到這位女子七項全能世界紀錄保持人的故事，勵志的不僅是她在一九八八年奧運時帶著雙面金牌回到美國，而是她克服氣喘堅持從事她熱愛的田徑運動。好動的潔西回家和媽媽分享這個故事，從此她體育課時不再只能在旁邊看別人運動，甚至還加入了田徑隊。而且教練說她在短跑和跳遠都充滿潛力，但她還不至於做那遙不可及的奧運夢，因為她還拿不定主意要專注在什麼項目上，教練也說不用急，先維持好的體能，學習和氣喘共存，找到自己的熱情再說。她很喜歡每天的自主訓練，更開心的是，她終於可以吃冰淇淋了。

台灣高雄

坐過站的阿中只能走路回家，覺得有點委屈的他，一路想著這麼辛苦到底是為了什麼。自己其實也沒多愛打棒球，只不過剛好讀到有棒球隊的學校，看那些國手可以出國比賽好羨慕，身邊沒有一個親戚鄰居有機會出國的，就想說加入球隊看看。阿中個頭小，打擊不怎麼樣，只是腦筋動得還算快，教練覺得他捕手做得還不錯，勉強能在球隊裡生存下來，不知不覺就到六年級了。哪知道因為爸爸工作的關係，舉家從鼓

山搬到前鎮，偏偏又遇到全國少棒選拔賽，每天的練習量倍增，通勤時間也倍增，操到連星期日都沒得休息，這樣的日子實在太苦，快要撐不住了。終於走到家門口，阿中打定主意，再忍受這種日子直到拚上國手能出國一次就好，上國中之後就再也不要打球了。

美國舊金山

海灣綜合運動中心，來自台灣的職棒總教練阿中和同事們在負責人辦公室裡，談談未來球隊與中心合作的可能，阿中在負責人倒咖啡的時候，透過玻璃窗，看到空蕩的訓練中心裡，只有一個小女孩在做運動。媽媽在旁邊看雜誌，女孩什麼事都自己來，按下計時器就開始做，時間到就換下一個項目，似乎很熟悉該怎麼做。聊到一個段落，負責人帶阿中一行人去參觀訓練中心，阿中看到小女孩剛按停計時器，氣喘吁吁地拿起礦泉水。

剛做完一套訓練菜單的潔西，拿起毛巾擦擦汗，看到幾位亞洲男人從中心的辦公室裡走出來，其中一位叔叔，好像有點驚訝地看著她，她回頭照照牆上的鏡子，確定自己沒有什麼異狀，不明白叔叔為什麼會有那樣的表情，可能是自己多想。她回過頭來叔叔也離開了，潔西喝完水關上礦泉水瓶蓋，準備繼續回做第一項訓練。

一樣打棒球，台灣美國大不同

在我那個年代，還有以我當時成長的環境來說，能夠出國根本是天方夜譚。我們的世界只有小小的台灣，美國在哪裡完全沒概念，但是大家都知道一個地方叫威廉波特，因為我們台灣的少棒代表隊經常在那裡拿到冠軍，回來就會遊行。

從紅葉少棒隊打敗日本和歌山少棒隊在台灣掀起一波棒球熱潮時，我躬逢其盛，也成為愛打棒球的孩子之一，後來發現打棒球還可以出國，就更想努力擠進校隊，也很幸運家鄉的鼓山國小，是高雄市少棒名校，我因此離國手夢想更進一步，誰知道，那也是惡夢的開始。

小二、小三玩球時，也曾經歷過用木頭削一削打球，用報紙當手套，那種純粹玩球的快樂。但是一進到校隊，尤其到了高年級的時候，每天都操到要吐，打棒球只有痛苦。

更慘的是我們家原本在鼓山哈瑪星那邊，但是升六年級的時候，因為父親工作的漁港遷到前鎮，我們就全家搬過去，但還是要繼續在鼓山國小棒球隊打球。所以我每天都得坐公車來回，大概有四十分鐘以上的車程。六年級正是球隊最積極練習的時候，早晚都在練球。

雖然我小學功課還不錯，但是六年級整年幾乎都沒有在上課，因為代表高雄的飛獅少棒隊幾乎以我們鼓山國小選手為主，我們球隊很強，通常是會打進全國賽最後只輸給台南市巨人少棒隊的那種程度，所以練球都為了拚冠軍，晚上練到半夜，白天怎麼會有精神聽課。

有一次練到太晚趕搭最後一班公車回家，練球練到太累睡著，結果直接睡到總站，被司機叫起來請我下車，那時候也沒有手機這種東西可以聯絡家裡，就只好走路回家，媽媽就想說怎麼那麼晚才回來。也常有那種我洗澡洗了一個多小時，她想說怎麼那麼久，一來查看發現我洗到睡著在浴缸裡的情況。她雖然心疼但也沒辦法，還好後來我的國小老師，好心讓我去住在他們家，才讓我免了舟車勞頓之苦，不過練球的辛苦可一點也沒有打折。

結果那年爭取南部七縣市代表隊的時候，果然還是敗給了當時李居明效力的台南巨人隊，喪失代表國家出國比賽的機會，國中一聽到又要練球就會怕，又不一定真有機會當國手，所以根本就不想再打球。但爸爸看我成天跟一些愛玩的人混在一起，就覺得不行，又把我送去美和中學，美和是棒球名校，當然又是繼續痛苦練球的日子。

現在時代不同了，在乎人權和孩子的適性發展，一直在做教育改革，傳統的打罵教育根本不會發生，這些我也認同。但是棒球這個運動，大家也一直說要學美國，我就覺得不能什麼都學，不是說要繼續我小時候那種沒有人性的訓練方式，而是要先認清台美文化背景根本的不同，政府、學校、家長、國人的期待還有職業產業環境，如果沒有跟著一起轉變過來，學美國也只是學半調子而已。

台灣的文化背景不像美國那種自由的形態，我們先天身材和環境也和美國不同，如果什麼都學美國，你永遠都打不贏美國的。美國那些運動科技和醫療觀念是可以學的，不過有些訓練方式，台灣一定要用適合我們自己文化背景的，因為台美最大的不同是，美國人習慣不用教練教，自己就會自主訓練，但是台灣從小就習慣被逼，自己不會主動去練。

我在Lamigo桃猿隊時期有一年和吳俊良還有藍天勇，一起去舊金山的一個訓練中心觀摩，找訓練師聊天，也順便談看球隊在訓練上可不可以和他們有什麼合作。我們在辦公室裡可以看到外面整個訓練中心的情況，那天早上剛好沒有什麼人，就只有一個小女生，大概小學五年級吧，媽媽載她去以後，就自己坐在旁邊看雜誌，教練把要訓練的東西拿給她，她就自己一個人在那邊訓練。那裡擺了一個計時器可以按，她都自己按，自己練，比方三十秒、一分鐘，幾分鐘後要換做什麼，然後要休息幾分鐘，她都清清楚楚。我一邊和訓練師聊天，一邊偷看她，整整兩個小時她都自己練，我非常佩服。這就是美國文化，他們從小就養成習慣要獨立自主，台灣就是要請家教啊、補習啊，靠別人逼才行。

而且美國人是從小就和爸爸在院子裡練傳接球，假日全家去看棒球比賽，對他們來說學生棒球是日常生活、是一種有趣的遊戲。我們台灣的教育卻是把它當競技在訓練，因為三級棒球從以前到現在就是要背負著全國人民的期待，出國比賽一定要拿冠軍回來。

平常的學生有寒暑假，但是寒暑假卻是棒球隊最苦的時候，有時只是為了要休一個星期日，星期六都練到快吐了。教練常搞分組競賽，輸的隔天就要留下來割草，贏的才可以

放假，所以吃奶的力氣都會使出來，就為了拚星期日能休息，到最後就是全隊都倒在操場，每一個人都在吐。我們為的不是想在棒球上有什麼表現而操，只是想要星期日可以休息而已，當然不會想說要自發性地去訓練。台灣人的文化就是習慣要被逼，所以自己操自己體能絕對不會操到吐，因為受不了就會停下來，會操到吐的，都是教練拿著碼錶在那邊喊，教練盯著就算不行也要硬做。

美台文化背景實在不同，美國是從小到大都是在快樂玩球，享受那個打球的樂趣，看自己是不是真的喜歡這項運動，到了高中確認自己的性向真是想往職業發展，才開始接受專業的訓練。

台灣不是，我們是反過來，從小就接受專業的訓練，為了要贏球，沒有享受到一點打球的樂趣，也沒有過到一般學生的生活，所以一到了大學就想要去玩，不想再練球，只想逃避。

常有人問說，為什麼台灣的三級棒球都那麼厲害，都拿冠軍，到了成棒和職業，就打不贏人家，我認為就是這個原因。所以我支持要快樂打球這個觀念，應該是要在學生時期讓小朋友覺得打棒球是快樂的，讓他們一直保有對這項運動的熱情，到要轉進職業發展時才認真嚴格訓練。而不是學生時期打球超痛苦，終於熬到了職業就想要輕鬆自由，才說要快樂打球。

如果要學習國外，我覺得可以先效法日本，通常旅日回來的選手，在台灣都能待得比較久，因為日本的文化和訓練方式比較適合台灣。可是大家就要問，為什麼日本就可以是學生到職業都一直很厲害，那就是因為台灣職棒環境還不夠成熟，打棒球不像日本那麼有前景，有未來就會有很多人參與競爭，有競爭才會自己想要去努力爭取，不用人逼也可以拚了命的要爭出頭。

一樣是球員，好與頂尖大不同

常有些旅美回來的球員看到那裡的自由風氣，其實只是學到表面文化，會跟學弟說，

打棒球要快樂，或許這個理念是對的，或許這個想法在你身上行得通，你有天賦、能力，可以休息的時候做自己的事，但是學弟不一定可以，你把你的觀念講給他，會影響他，他有樣學樣，他以為快樂打球就等於是不必太認真投入，他不認真練習結果成績不好，你又不用對他的人生負責。

大聯盟球員真的都那麼輕鬆自由嗎？其實正好相反。美國人是學生時期才快樂打球，擠進職業後，有名的選手，收入相對也多，他們早在春訓以前，就花很多錢和精力在運動中心上，或是請私人訓練師，在各方面精進自己，到了春訓教練當然會讓他們自主訓練。那些訓練中心是比春訓還厲害的，因為他們有業績壓力，一定會專注在選手的身上全力操，讓他有好的成績，如果沒有成效選手就不會來了。但是那些旅美的球員沒有看到這一塊，只覺得教練都很好，讓大家都自主訓練。

還有美國教練也不會兇，都用鼓勵的方式，那是因為美國是全世界人才聚集在一起的地方，它營造內部競爭，你不好把你換掉就好，幹嘛要花力氣罵你、訓練你？早上說你很好，下午就可以把你換掉。因為我們台灣沒有那麼多人，就很苦口婆心想把你訓練好，不好就一直念。美國人哪有那個「美國時間」啦！我去亞利桑那受訓的時候，曾經特別去請教他們的教練，「如果選手一直培養不起來，你要怎麼開導他？」他就回，「換掉啊！我後面還一堆人排隊搶著要爭這個位子，不行就換，最快，我哪有那麼多時間開導他？如果他在小聯盟就轉不過來，要怎麼上大聯盟？」

日本也是一樣，很競爭，從甲子園開始就在競爭，很能夠接受高強度的訓練，還有服從嚴格的教練，因為他知道那是為他的職業生涯好。台灣不行這樣，因為沒有那麼多人才，教練只好把不行的硬練到可以上場用，其實也沒有多兇，只是會念，現在不可能有什麼打罵教育的。偏偏現在有些球員就覺得這是老派的訓練方式，不是美式自由球風和鼓勵路線，都是因為沒有快樂打球，所以才不會贏球。

什麼是快樂打球？我就是快樂打球。

我學生時期很害怕棒球，一直勉強自己到大學畢業，那個時候真的沒有感受到一點樂趣。但是進入職業，開始投入這項運動後，因為想要能在這裡面生存，我才漸漸真心享受在其中。我在選手時期，吃止痛藥、拚全勤，思考怎麼配球、跑位，加強各種捕手相關的

訓練，在場上拚命，在場下繼續鑽研，這些態度就是我對這個運動熱情的表現。過程非常痛苦，但是最後有得到成果，小到這次觸擊有點成功、吊球有順利抓到盜壘者，大到拿到總冠軍的那一刻，都感到很享受，那才是快樂打球。快樂是去享受這個東西，但享受的過程不見得是輕鬆的，是享受壓力和艱苦，到最後得到勝利的那種快樂；而不是練習時輕輕鬆鬆，打球過程中嘻嘻哈哈。

好球員和頂尖球員的差別，就在於頂尖球員會思考，回到家還是會看比賽研究。要成為好選手，苦練就可以，要成為頂尖選手，一定要把快樂加進去。因為只有享受才會去思考，如果當成這是苦差事，拚命練完回到家後就不會去思考，剛剛那個動作要怎麼修正，這樣對還是不對。

像鈴木一朗，一輩子哪有在鼓吹什麼快樂打棒球，但他不管在場上多累、多辛苦，回到家永遠都在想要怎麼精進自己，連睡覺姿勢都在為棒球做修正，整個人完全沉浸在裡面，真正發自內心喜歡棒球這項運動，這就是想當一份領薪水的工作，還是想當一個職人的差別。

每個人在不一樣的環境表現是不一樣的，我相信許多旅美選手在美國才沒有快樂打球，有多少好手在上頭，大家爭破頭也想要上大聯盟，半夜也在練，不會考慮會不會練到受傷，拚命練到手斷也要練，怎麼會輕鬆？如果真的都沒在練，應該很快就會被淘汰了。

但是有些人因為去過美國，回到台灣可能被大家捧的像天上的星星一樣，態度就變不一樣了，就覺得不用跟著球隊走，要有自己的個性，必須保護自己不要受傷，要自主訓練，所以回來就會退步。其實越是真正能站上大聯盟，越是長久位於頂尖的球員，越是努力在精進自己，從來沒聽過他們在說什麼要快樂打球的。

像是王建民，以前想要拚回大聯盟，自己想辦法去找訓練中心，過程中付出多少辛苦，依然堅持下去最後真的再度站上大聯盟投手丘，享受那個成果，那才是真正的快樂打棒球。

想要成為一個頂尖的球員，不是光用想的就能達成，空想就是在做白日夢。腦袋要花時間想的是要怎麼做，然後真的去實踐。永遠保持對打棒球的熱情，才可以保持打棒球的

水準，享受過程中的痛苦，才可以享受得到成果的快樂。打從心裡愛棒球，就可以快樂打棒球。

洪總的職人精神觀

◆ 好球員和頂尖球員的差別，就在頂尖球員會思考，回到家還是會看比賽研究。

◆ 要成為好選手，苦練就可以，要成為頂尖的選手，一定要把快樂加進去，因為只有享受才會去思考。

◆ 大聯盟的球員早在春訓以前，就花很多錢和精力在各方面精進自己，到了春訓教練當然會讓他們自主訓練。

◆ 美國教練不會兇，都用鼓勵的方式，那是因為他們人才很多，不好換掉就好，幹嘛要花力氣罵你、訓練你？早上說你很好，下午就可以把你換掉。

◆ 快樂是去享受這個東西，但享受的過程不見得是輕鬆的，是享受壓力和艱苦，到最後得到勝利的那種快樂。

◆ 不管在場上多辛苦，回到家永遠都在想要怎麼精進自己，整個人完全沉浸在裡面，真正發自內心喜歡棒球這項運動，打從心裡愛棒球，就可以快樂打棒球。

2-5

夢想因務實而成真

夢中那件穿不起來的黃衫

再和女兒玩一下，就要準備出門比賽了。

他進房拿起櫃子上老婆放好的球衣，先穿入左邊袖子，但不知怎麼的，右邊袖子怎麼樣也穿不過去，他只好脫下左邊，換成先套入右手，但這次變成左手怎麼樣也穿不進去，反覆試了幾次，越急越弄不好。

一定是太興奮了，今天可是前所未有的金冠軍挑戰賽第一場，本季球隊威風八面包辦了上下半季冠軍，直接成為職棒三年的總冠軍，沒有總冠軍賽可以打給球迷看，聯盟就弄了這個挑戰賽，由龍虎獅聯軍合力對抗冠軍象，首戰是飛刀手出戰金臂人的傳統對決戲碼，身為當家捕手的他，早想好今天的配球策略，準備和飛刀手一起大殺四方。

結果現在連一件球衣都穿不好，真不是好兆頭。鈴！鈴！客廳傳來鈴聲，好像是女兒的玩具電話在響。

他從床上驚醒，按下鬧鐘，原來剛剛是場夢。安心不少的他，走向浴室梳洗，在逐漸恢復意識後，想起今天是新球季的開幕戰，難怪會做關於去年比賽的夢。他拿起球衣準備穿上，要提早去球場做賽前練習，他一邊穿，一邊思考今天的對戰棒次，心不在焉之下，球衣左右袖子換來換去，都一直穿不起來，索性把這件丟一旁，趕快換另一件好了，他低頭翻找球袋裡的備用球衣。

「你怎麼還在這！要比賽了！」耳邊響起隊友的催促聲，他猛一抬頭，發現自己已經在球員休息室了。他完全想不起來怎麼來到球場的，比賽要開始了，他沒辦法管那麼多，趕快拿出球袋裡的球衣要穿上。

可是越急越穿不起來，叭！叭！叭叭叭！球場裡球迷的汽笛喇叭聲聲呼喚，球衣怎麼都穿不起來，他著急地要命。

叭！「車頭整個凹進去了呢」、「夭壽」，聽到一陣討論聲，他放下手上那件穿不上的球衣，朝聲音處望去。

各隊熟悉的明星球員，全聚集在窗口，看向外面車道，熱烈討論著。其中一人轉頭望向他，「你哪會猶未換衫啦？卡緊咧！」他回神過來，發現身在一間平面攝影棚，看著布景上寫著中職明星賽，才想起自己是來拍宣傳照的。

他趕快把球衣拿起來穿，可是怎麼樣都穿不起來。「嗶，咔擦」，他轉頭一看，一旁的攝影師和助理在測光，嗶，所有大燈同時爆亮，光刺的他一陣炫目。

「你不舒服嗎？怎麼睡到現在？」他從光亮中睜開眼，看到老婆開燈進來。

他坐起身，看到櫃子上老婆為他備好的球衣，不再是那件一直穿不起來的黃衫，他就明白自己又再一次從循環夢中醒來了。

這幾年，偶爾會做這樣的夢，夢裡的他，還是黃衫軍當家捕手，每次情境不一定相同，但大概都是要比賽了，準備穿球衣。今年，這個夢變頻繁了，而且還會變成球衣怎麼樣都穿不起來，經常是緊張到驚醒。

現實生活也像是一場醒不來的惡夢，去年球隊才剛拿下二連霸，但是今年開季以來戰績低迷，上半季只領先墊底的球隊一場勝差，下半季也還不見起色，身為總教練的他，壓力爆表連夜難眠。可能是總教練這份工作太痛苦了，潛意識裡，他最想回到那無憂無慮，整天都充滿自信去贏球的選手時期，才會重覆做著穿黃色球衣的夢吧。

他疲憊地穿上眼前這件白底藍字球衣，順利穿好，只是這件球衣，很重，也不知道自己，還能穿多久。

圓一個出國的夢

我是一個很務實的人，從來不會做什麼遙不可及的夢。只有學生時期有過國手夢，那個時候看別人出國回來，坐吉普車大街小巷遊行很神氣，真的很有吸引力，所以當時台灣出了一堆少棒隊，我很期待自己加入了也能出國。我們那個年代，會讓小孩打球的都是辛苦人，父親的工作收入也不高，送我去打球讀書不用錢，吃住也不用錢，還可以保送到大學，大概就只是以這個為目標，並沒有什麼要讓我圓夢的想法。

結果少棒時期沒當成國手，出國夢破滅，然後又那麼苦，寒暑假人家都在玩，我都被操成那樣，到國一就不想打了。沒想到又被爸爸送去美和中學，苦雖苦，卻意外圓了兒時的夢，在國三那年入選世界青少棒賽的中華代表隊，先飛關島再去到芝加哥，當時我應該是鄉里唯一去過美國的人，還真的是名副其實的「美」夢成真。

後來又去過好多國家比賽，就這樣順順地讀到高中畢業，高中棒球隊有保送大學體育系的資格，也不必煩惱有沒有大學可念。

體保生和一般生差不多辛苦，別人課餘時要補習，我則是課餘時要練球，別人在挑燈夜戰準備考試的時候，我也在挑燈夜戰準備比賽。不過雖然是不同面向的辛苦，但是在求學的路上，我從來沒有經歷過一般人要聯考、選填志願的那種掙扎，所以在大學的選擇上我沒想太多，反正保證有得念就好，結果差點因為一時的隨便要孤苦無依四年。

那時候台灣棒球隊的升學管道有個不成文的規定，美和中學體系通常是上文化大學，華興中學體系通常是上輔仁大學。可是我們高三集訓的時候，文化的人居然都沒有來看過我們，反到是輔大的人來過好幾次，還直接問我們要不要去，我那時想說輔大還不錯啊，所以志願就填了輔大。大一開學比較晚，還沒進到校園上課就先代表輔大去打秋季聯賽，才會與莊勝雄搭配打了那場二十一局紀錄的比賽。

結果聯賽打完以後就被美和在文化的學長念，問我怎麼會跑去讀輔大？那時候一個人北上很孤單，人生地不熟，同學和學長多半都是華興的，熟不太起來，每天都窩在宿舍裡面。

不想未來四年大學生活都得這樣，我就和幾個美和同學趕快去找學長，問文化的體育系主任可不可以收我們，系主任就帶我們到教育部改資料，他很幫忙，和教育部拜託，還很誇張地說我們是哭哭啼啼去找他，幸好還沒有開學所以沒註冊，就成功從輔大轉到文化了。

上了文化我的日子如魚得水，學長學弟都很熟，陽明山風景好、學校舞會又多，我天天玩得不亦樂乎，根本就是俗語說的「University 就是由你玩四年」。進到大學我覺得完成升學任務了，就沒怎麼想要再打球，維持打球只為了之後當兵，還是可以待在球隊會比較輕鬆。

一圓國手夢後我就停止做夢，沒想到這個夢又帶我去了更多地方。

洪老六團寵的夢

退伍後原本只想隨便找個工作做，或是乾脆回家鄉海邊幫父親搬魚貨，沒想到曾紀恩教練要籌組兄弟隊，球隊缺捕手找我去，受到待遇吸引就過去了。那時候打球沒有什麼前途，又沒有職棒，最好的出路就是到合庫和台電，但是全台灣那麼多人打棒球，只有這兩支球隊名額有限，所以我岳父才會擔心女兒嫁球員。其實兄弟成立球隊時，有說這支球隊將來要變成職棒隊，不過大家也是半信半疑，我是想先有個工作就好了，但是有些人真的選擇相信，像是李居明、江仲豪他們就辭掉合庫來加入。

在兄弟的日子很辛苦，但是因為認識太太就留了下來，後來真的等到成立職棒，居然可以把棒球當穩定的工作做了。當時我們能夠有職棒可以打，都覺得是夢寐以求的，而且簽約時我已經二十九歲，以前在業餘的觀念是，過三十歲還在打會被人家笑，說是「占著茅坑不拉屎」，因為不退去公司上班，那個缺就不會空出來。所以職棒成立時，看到那個合約寫五年，想想打到那時候都三十四歲了，都不知道能不能撐那麼久，根本不會去想什麼未來的問題，我又是很怕麻煩的人，從以前簽任何合約都沒在看內容，公司說怎樣就怎樣。

職棒第一年剛開始打二十幾場時，有一天我就坐在休息室和李居明聊天說，「吼，想

到還要打五年，不知道能不能撐到那個時候。」結果我們不但打超過五年，還一起創造了三連霸。兄弟球迷全台灣最多，戰績好的時候每天去球場都很開心，覺得自己又要贏球了。

兄弟象的團隊氣氛真的很符合這個名字，當時我們這群所謂的一代象球員彼此感情都很好，雖然後來大家各自有不同的發展，但是一起在兄弟的那段時光對我們都有特殊意義，每每在一些像是傳奇賽那種活動場合見到，很多美好的回憶又會再現腦中。以前住台北時和李居明就住隔壁條街，我太太和李太太很要好，大女兒還認她做乾媽，我也時常帶李居明的女兒一起出去玩。現在大家偶爾只會在婚喪喜慶時碰面，李居明女兒結婚時，我們還在念「王光輝怎麼沒有來？」後來才知道他是因為生病了，現在回想起來很是傷感。

因為兄弟隊是兄弟大飯店洪家五兄弟一起成立的，我剛好也姓洪，在球隊也受重用，個頭小又娃娃臉，大家都很疼我照顧我，所以戲稱我是洪老六。像現在中信兄弟的「小可愛」江坤宇那樣，我可是兄弟「團寵」第一代。

中華職棒沒有洪家兄弟的奔走根本不會起來，洪騰勝和洪瑞河老闆真的對選手很大方、很敢給，身教和言教也都很好，我很感激和敬重他們。但是這份感激也只能放在心中，後來我選擇離開中華職棒加入台灣大聯盟，我知道洪老闆非常不諒解，雖然覺得自己這樣做沒錯，我還是會怕面對他們。多年後終於有機會和洪老闆見面吃飯，他展現了企業家的大肚量，我才比較放下心來。

只是差不多快要有十年的時間，經常夢到自己還穿著兄弟的球衣，通常都會夢到要去比賽了，要穿上球衣，但為什麼都沒有辦法穿好？但是快要來不及了，要比賽了，怎麼樣都穿不起來。我也不知道為什麼，可能心裡面還是很喜歡這支球隊，雖然叛將說這種話別人或許會覺得噁心，但是很多時候是最苦的地方，應該就是留下最多懷念的地方吧。

美好的回憶就留在夢中，我是務實的人，還是要向前看。

叛將無悔的夢

「叛將」這個詞很重，但也不得不背。畢竟這個選擇讓全家平安團圓，我從不後悔。

一九九六年遭遇黑道挾持事件，是我打職棒以來第一次憂心未來的時候。我是私生活很單純的人，不會去認識什麼奇怪的人，所以我覺得只要自己不碰就不會有事。但這種事由不得你，不去碰，拒絕利誘，可是黑道會直接威脅你和你的家人，這是多麼可怕的事。我們被挾持釋回以後，公司當然趕快報警，但是報案一定要講證據，就會要我們指認對方，我們哪敢講，他們都知道我住哪裡，女兒讀哪間學校，我們真的嚇死了，只好含糊其辭。警察也沒有什麼辦法，最多只能說如果看到家附近有什麼奇怪的人，就打某支專線，三分鐘內至少會有三台警車到我們家，有比賽時，就會有一台警車載我們來回球場這樣。雖然警方每天會派人護送我們進出球場，可是打球以外的時間，還有我的家人，都是不受保護的，老婆、小孩還是只能自己出門、上下學，生活到這樣真的是每天提心吊膽，長達好幾個月的時間。

那時候在這樣的氛圍下，我要養家，又要買房子，兩個女兒也都還小。公司過去都是一年一簽，從來不跟你談薪水，給你多少就多少。洪老闆雖然大方，球隊發展穩定時又彼此信任，就沒關係，但是當時遇到這種事情，真的不知道這個聯盟還能撐多久。在這個時候，另一個聯盟拿出誠意來談長約，有簽約金薪水又高，我會感覺這個選擇對未來比較有保障，也是很自然的事。

加上父親身體不好也希望我回高雄，雷公隊主場就在高雄，全家一起遠離台北也比較心安，所有的條件考量都是從我的家庭出發，所以我認為自己的離開是為了自利，但還談不上是自私。

雖然後來雷公隊戰績不佳，也沒什麼人氣，雷公隊和兄弟隊的簽名會完全不能比，兄弟球迷號稱百萬，雷公則是選手還比球迷多。我也是會怕台灣大聯盟收起來，但這次就不會想離開，至少能多陪父親，家人也安全，還是努力打球想著如何延續職涯。

背著叛將之名五年的時間，很意外還能續圓國手夢，又再代表中華隊征戰了幾次國際賽事，直到二〇〇二年釜山亞運的金牌戰，雖然很不平因裁判影響而以一分飲恨，也還是帶了面銀牌回台灣。只是沒想到兩聯盟合併，我就此失業，眼看我的職棒生涯，就要被迫停止做夢了。

奇幻旅程的夢

職棒打那麼久，多少有點積蓄，不會一下子沒有工作就完了，只是那時候小孩都還在讀書，多少有點擔心未來，只是我沒有擔心太久，就又有工作了。

那一年的七月中華隊為了世界盃找我去當教練，一月回來的時候，玠廷找我去六福客棧談，說來好笑，那時候我連 La New 是什麼公司都沒聽過。可是除了偶爾當當球評之外沒有正式的工作，有一個老闆願意來找我，當然是很開心又感激。

就這樣從 La New 開啟了我在中職的執教生涯，劉保佑老闆經營球團很有耐心，很願意等球隊成長，整個球團就像個大家庭，很講人情。劉董之前都會在休息室跟我們泡茶聊天，玠廷也很努力經營行銷，改變了台灣職棒很多事情，我也堅守總教練的職責，全心全意為球隊贏得勝利。

從 La New 熊隊到 Lamigo 桃猿隊，這支球隊走了十六年，不是最長也不算太短，從開始到結束，我一直都在。從無到有帶起一批批的球員，拿下幾座總冠軍，我和球隊一起走了一趟奇幻旅程。如果 Lamigo 桃猿隊沒有轉賣，我相信只要公司還願意用我，我一定不會離開。

只是總教練這個工作，有一點很現實的就是，我今年打完，明年還有沒有工作？

我從選手到當總教練，從來不會去跟公司談什麼長約，可是後來 Lamigo 要轉賣給日本樂天了，那一年我又剛好看到東北樂天金鷲隊，打到第三名但沒打進季後賽，總教練就被換掉，想說日本公司也是挺現實的。所以我想樂天不像 Lamigo 那樣和我有信任基礎，不確定因素太多，才想說談個三年約比較有保障一點，我覺得以我過去的成績，要求超過複數年約應該也不會太過分。結果日本人來和我談合約，即便他們也知道我才剛拿下三連霸，有實績在那邊，但還是明確表示，因為我們彼此還不認識，他們來接手我就是要歸零，還是先簽一年約就好。

談了兩、三次對方仍然堅持，我本來也想算了，轉到業餘或是再當球評我都可以接受。但是這時候富邦來找我，談約的時候他們展現很大的誠意，願意給我三年合約。其實過去

富邦就找過我很多次，可是除非 Lamigo 不要我，我還是會想留在桃猿隊，從來沒答應進一步接觸。現在狀況不同了，我和樂天不像和 Lamigo 那樣有革命情感，就像他們說的，我們彼此還不認識，所以他們沒有欠我，我也沒有欠他們，那就離開接受新的挑戰好了。

我決定離開時還是有先通知玠廷，因為他那時候還是領隊，不要突然辭職讓他們來不及找接任人選。而且我在 Lamigo 桃猿隊執教了這麼久的時間，我不動大家都動不了，我離開，其他教練們的薪水也能有比較大的調幅，對這些長年跟著我的教練團來說也是好事，我沒有打算帶走任何一個教練，郭建霖和吳俊良都是後來自己選擇離開，另外和富邦談約的。

同樣的，這次轉隊也是一個自利還可以利他的選擇，劉老闆待我不薄，而我對球隊也有貢獻，從這場奇幻的夢中醒來，我沒有任何遺憾。

從〇到九九一的夢

富邦悍將不是一支全新的球隊，但我是以歸零的心態來到這裡。

我在 Lamigo 桃猿隊執教時的態度就是這樣，每一場都當第一場打，所以轉換球隊，我也沒有再去想什麼過去的豐功偉業。轉到富邦後第一次對戰桃猿，在桃園棒球場，媒體問我變成在客隊休息區執教心情如何，我說對我來說這就是一場比賽，只是以前坐主場的休息室不用曬太陽，現在變成要曬太陽這一點小差別。

然而富邦畢竟不是一支全新的球隊，他們既有的文化，不是我一時半刻能夠轉換成我習慣的模式，球隊成績不盡理想，球迷謾罵，身為總教練就得扛，我也沒什麼好說的。雖然前前後後也累積到了九百九十一勝，可是這種個人成績沒有意義，沒有帶球隊拿到冠軍是事實。在富邦執教第二年球季結束，公司把我找去看要怎麼和新任的領隊華韋合作，我就主動說我就退到幕後吧。因為我剛開完刀，正好可以利用這個機會休養一下，退到後面，

把合約走完就好。不像外面說的那些風風雨雨，其實就是這樣很單純，我還是很謝謝富邦當初對我展現的誠意，和成全我轉任顧問。

當顧問那一年可以完全釋放當總教練的壓力，對我身體絕對是好事，因為醫生說我生病是壓力造成的，有一年時間可以休息，既沒有生活經濟上的壓力，也沒有球隊戰績的壓力。以前即使休假，也在想春訓要怎麼安排、選秀要找誰，轉顧問這一年可以完全放空心思。每天運動、和家人到處走走，本來計劃看五十本書沒達標，不過還是有看了三十本左右，加減培養了一點點閱讀的習慣，身體狀況也很好。可以休養生息，還有合約保障，而且女兒們都在工作了，負擔沒有那麼大，不用操心未來，很感謝老天爺給我的這一年空白。

曾經有日本教練跟我說過，他太晚認識我，不然他就會把我介紹到日本去，當然我不知道他是不是只是為了鼓勵我，讓我高興才這麼說啦！我開始打職棒已經都快三十歲了，身體條件也不好，能夠在台灣待得下來就不錯了，不太可能去想什麼旅外，但是人生如果重來，有機會我當然也會想去外面挑戰更高的殿堂，不過當時是完全不會有這種想法，更是從來沒想到後來還能當上總教練，還執教了這麼長的時間。有時候也會開玩笑說，我早知道會做這麼久，我早就財富自由了，因為我一定會一直買房產置產，但是以前根本都不敢貸款。

我覺得我的職棒生涯已經超出我能夠想像的了，沒想到還會有新的夢來找我。

未知的夢

為家庭拚到現在，我在棒球這條路，確實沒有什麼遺憾了。如果說還有什麼想做的，那就是我沒有當過三級棒球的教練，會想要去嘗試看看，太太也很鼓勵我去，本來有想過從職業退下來了以後，有機會我會想去高中執教，基層運動很重要，有很多習慣和觀念如果在學生時期有養成，對將來進職業的發展一定是好的。棒球養我這麼久，我也會想要對這個圈子有所回饋。

然後就這麼巧，台鋼雄鷹隊找上我，他們是全新的球隊，都是年輕的選手，球團的理念

和我很像，想打造一支有紀律的球隊。我想我的加入，也許可以把想教給年輕人的一些觀念，貢獻給這支球隊。還這麼幸運能再回到家鄉，真的算是天時地利人和吧！所以我還滿喜歡這個新的挑戰。

訓練一支精良的球隊，紀律很重要，所以當初教練團在選球員時，就盡量挑球技、品格兼具的。所以這群年輕選手真的不錯，很受教，也願意思考。有點像當初在帶剛開始的La New熊，可以從頭建立起來，但我的年齡有增長，關係也有點變化，以前剛當教練和球員年紀差距不大，比較是大哥哥在傳授經驗，現在球隊年紀最大的和我大女兒同歲，帶他們就像在帶自己小孩一樣，更有影響力，我從他們看我的眼神就能感受到尊敬。

有時候看著他們的樣子我會想，如果我在他們這個年紀就開始打職棒，以當時我愛玩的個性，很可能就走偏了。要不是在兄弟遇上洪老闆、教官和森下，我搞不好也會是個成天叫人家不要聽教練話的學長。所以收到年輕選手信任的回應，我更覺得自己對他們的職業生涯發展有很大的責任，希望他們像當初的我一樣，在嚴格的教練下建立正確的習慣，未來的路走長一點。因此訓練球技之外，我也很在意生活上的紀律，比方我會要求他們到別人的場地比賽時，剛進來的時候是什麼樣子，離開時一定也要恢復原狀，一點垃圾都不要留在裡面。在球場，只要看到長輩一定要問候，和人家打招呼，這是基本的禮貌。沒有打球出門在外，也要有自己已經是職業球員的認知，就算現在收入有限，不必弄得非常體面，但起碼要有整整齊齊、乾乾淨淨的樣子。

我會利用他們練習的空檔，和他們聊天，把這些觀念不經意地灌輸給他們。繼續這樣要求，讓他們成為一個習慣，這支球隊就會步入一個好的模式，任何人都影響不了這個球隊，只有球隊風氣會影響別人，以後品性再差的進來，都會變好。所以在擴編選秀時，我就有跟公司說，我選人的第一標準也是要私生活是好的，選進來的我們都有調查過是很乖、沒有什麼壞習慣的人，因為我不希望年紀大的選手進來，對年輕選手有不好的影響。

球隊文化紀律很重要，也要給年經選手成長的時間，所以我也希望自己的老毛病能改一改，不要又想贏球到壓力太大就好。不過公司請我來多少是會希望球隊能盡快步上軌道，而且大家一定會聚焦在我的千勝紀錄上，但我真的不是為了這個而來的，我能再拚一次高峰也很好，沒有也沒關係，人總不能一輩子都在這個位子吧，總是要退的。萬一最後

成績不好公司決定不續聘，那就退休也沒關係，但是我在台鋼一定還是會以我一貫的態度，努力建立一個好的球隊文化。

我只會盡力但不會設目標，我絕對不會為了千勝去強求什麼，就像當年太太要生第三個孩子，我說絕對不要求神問卜去要兒子，我一直相信有得有失這種東西，硬去求，得到一個兒子，卻不知道家裡可能要失去什麼。

這個世界沒有什麼，你想要什麼全都有的，本來沒有的東西，硬去求，一定會有所犧牲。所以以前球隊去拜拜，我從來沒有求什麼保佑我總冠軍、拿下多少勝，假如用這個方式得到冠軍、達到幾勝，必定會失去什麼，我只會求大家健健康康，順利完賽就好。

我這一生運氣還算不錯，每個階段都有一個務實的基本目標，才讓我繼續下去的，為了出國、為了升學、為了家庭，有時幸遇伯樂、有時無奈被迫、有的成功順利、有的失敗收場，我從來沒有主動爭取過什麼，很多選擇也都是順勢而為。能夠得到這些工作機會，和我的能力不見得有關，但我相信，只要我務實不貪心，又能堅持，也很珍惜並好好把握每個工作機會，在轉職的選擇上自利但不自私，不做虧欠他人的事，這樣幸運之神願意多眷顧我一些，讓我得到一張還算可以的履歷表。

現在我能當這麼多年的總教練，在棒球界講話還有一點分量，甚至可以出這本書，在三十年前的我是做夢都想不到的。所以也是想藉此告訴對棒球有夢的年輕選手，不要妄自菲薄，只要努力堅持，以後會怎麼樣沒有人會知道。

洪總的職涯選擇觀

◆紀錄只是冷冰冰的數字，那只是一個過程，有持續累積投入，紀錄自然就有可能產生，要怎麼持續累積下去才是重點。

◆只要自己對公司有貢獻也沒有虧欠，就可以為自己和家庭選擇更好的機會發展，公司過去對自己的好，能夠永遠心存感激就好。

◆這個世界沒有什麼，你想要什麼全都有的，本來沒有的東西，硬去求，一定會有所犧牲。

◆為了自己和家庭的未來，選擇更有保障的工作，是自利，不是自私。

◆務實又堅持、珍惜機會好好把握、自利但不自私、不虧欠他人，幸運之神就會願意眷顧你。

EXTRA

球迷大聲公

對紅中的愛與恨

紅中組死忠力挺的「鐵捕」

中華職棒初期最熱的年代，兄弟象迷遍布全台、號稱百萬，這支深受球迷喜愛的球隊裡，有萬人迷、棒球先生、飛刀手、盜帥、大頭、小鋼砲等明星球員們，各個山頭皆有球迷擁戴，鐵粉們還自發性為支持的球員組成專屬加油團。

「鐵捕」洪一中，不是當中最耀眼的一顆星，也不是一枚巨砲，但是他始終擁有穩定的打擊率，也是高阻殺率的金手套，更是可以連蹲兩千局以上的鐵人。他的配球能力是投手們的最佳搭擋，靈活的腦袋是鐵血教頭們認可的場上總教練，他是一代象建立兄弟王朝的靈魂人物，所以他一直有一群死忠力挺的「紅中組」。

● 球迷 Z：

「洪一中就是很能讓一場比賽不會變糊掉，很能夠 hold 住全場的那種感覺。不管是大比數還是投手戰，他都會堅持在他的崗位上，就是很穩。」

●球迷KC：

「他比較不會喜形於色，雖然年紀不大，但就有很老謀深算的歷練感。他很會用他的頭腦，知道要怎麼去和打者磨。那時候比較主觀意識強烈的投手，他都有辦法鎮住，特別是他很能夠壓得住一些洋投。」

●球迷KH：

「他是一個聰明又刻苦耐勞的人，以前先發陣容我都可以背起來，就很習慣看到他出來蹲捕。後來回想起他一直蹲了兩千多局吧，就覺得他真的很了不起。」

●球迷T：

「洪一中在兄弟象時期是全勤鐵捕，沒有其他人可代替他的地位。他有一種自我要求很高的感覺，所以配球只要交給他，都不用懷疑。」

●球迷S：

「剛開始看棒球的時候什麼都不懂，只覺得捕手的工作好辛苦，要蹲一整局，下去以後又要趕快準備上來打擊，其他野手可能還可以哈啦一下，再慢慢跑進場就好，

所以就會特別想幫他加油。越懂棒球後就越喜歡他，很會用腦，兄弟王朝那時候，大家都覺得假日飛刀手厲害，我就覺得是阿中的腦袋厲害，他的配球精準，才可以這樣抓到出局數。現在很多人都知道捕手的價值了，好幾個狀元都是選捕手。」

不受認同的「叛將」

然而，兄弟風光連霸後，中職卻被簽賭案弄得烏雲罩頂，在那個時刻，洪一中選擇跳槽到新成立的台灣大聯盟，大大傷了象迷們的心，自此背負著叛將的罵名，暗淡地在雷公隊打拚。風雨飄搖的中華職棒票房低迷，人氣更差的台灣職棒大聯盟只撐了幾個短命球季，球迷們也漸漸忘了那個一代鐵捕洪一中。

● 球迷S：

「雖然我一直是兄弟的球迷，但是阿中被說是叛將時，我非常為他打抱不平，他只是轉到另一家公司而已，為了養家活口選擇工作錯了嗎？就像樂天不願意和他簽長約，所以他選擇去條件比較好的富邦到底錯在哪？他這麼努力，就值得更好的公司啊。紅中組都四散了，我就自己組紅中組，他轉到哪一隊，我就變成那一隊的球迷。」

● 球迷KC：

「不是紅中組的象迷，可能都對他很不諒解。以當時的環境，本來有另一個聯盟出來是樂觀的，但那魯灣是把中華職棒一些台柱球員挖走，就變得讓大家很氣憤。兩聯盟那時候是對立的，我們球迷可能是一種愛屋及烏的立場，對那魯灣公司成立很不能認同。尤其是他有『洪老六』這個名字，讓我們覺得他不可能會走的，當時最不能接受李居明和洪一中這兩個人離開。但是還蠻多紅中組的球迷都跟著他去雷公隊，應該就是真心很喜歡洪一中的球迷。」

● 球迷T：

「其實當年我也是有喜歡那魯灣，並沒有對跳槽球員有所討厭，或許是我很早就看NBA，覺得球員換隊都是很正常的。」

● 球迷KH：

「洪一中就是兄弟象幾個明星球員裡，都不會被取代的人，不管是球技，或是在團隊裡的地位，都應該是『生為兄弟魂，死為兄弟鬼』那種，他還有『洪老六』這個外號，證明洪家是很認同他的，所以他那時候去那魯灣時我有點驚訝。但可能我一直有在關注日本和美國職棒，對於打到一個規模時，出現兩個聯盟，最後還可以打個總冠軍賽覺得還不錯，所以我沒有特別在意，而且我是高雄人，所以都會去看雷公隊的比賽。其實早期台灣職棒球員的薪資，球團控制比較多，沒有什麼所謂的自由市場，球員會選擇跳槽很合理。」

● 球迷KC：

「後來曾經聽到一個球員說，當時他們的想法很簡單，能賺錢的工具就是打球，能打球的生命又有限，必須在有限的生命賺到他應該要有的錢。所以當有另一個舞台和新的簽約制度時，會覺得又有一個地方需要他們，還能夠帶給他們一些財富，當然就會選擇過去，那時候很常聽到共體時艱，但問題是球員的生命沒辦法去共體時艱。

聽到當事者這麼說，我們球迷其實心裡面有一半以上都釋懷了，就會覺得好像也不能全怪他們，不過多少還是會有點疙瘩在。」

● 球迷J：

「我覺得洪總就是一個『專業忠誠』的人，比較不是一個『組織忠誠』的人，所以當年他選擇去雷公，會被說成是叛將。也不能說他沒有組織忠誠，像他對Lamigo我覺得是仁至義盡了，La New是一個比較小的企業，他可以一年一年地簽約，共體時艱，公司待他不薄，他也有所貢獻，大家關係是好的，但是樂天是很大的跨國集團，以洪總的實績，為什麼不能爭取到複數年約？那富邦來談，他當然會走，他在職場上表現很優異，不管球員還是教練時期，他要為自己著想我覺得非常合理。」

評價兩極的「諸葛紅中」

兩聯盟合併後，被迫以教練之姿重回中華職棒，洪一中珍惜這個與棒球再次結緣

的機會，一步一腳印打造出桃猿王朝，從當家鐵捕華麗轉身為傳奇洪總。

他是讓對手球迷恨得牙癢癢、又不得不佩服的算計大師，也是因嚴格帶兵與選手產生矛盾，而讓自家球迷又愛又恨的諸葛紅中。他是台灣職棒場上，少數有專屬加油團及周邊商品的總教練，也是在觀眾席、網路上爭議不斷、只想贏球不會帶心的洪總。

他調度和抗議而改變戰局的能力，總會被球迷神化，他的用人哲學卻也經常被酸民公審，他是被鍵盤總教練們力求球團換掉的總仔，也是新球隊用來吸引粉絲的那個男人。他所帶領的國家代表隊，曾上演讓全國人民崩潰的國恥日，也曾打出感動萬千球迷回歸中職懷抱的精彩比賽。

● 球迷 KH：

「從叛將回來變成教練，等於他只剩這個工作，所以我覺得他一定有下很多功夫，不管是觀察力、執行力各方面，他都做得很稱職。他的眼光很好，在訓練上分工做得也很好，讓教練團各自把球員帶得很厲害，他再來做最後的判斷。」

● 球迷J：

「洪總是一個很聰明的人，記憶力也是很好，對棒球規則很熟，什麼時候該做什麼事情，其實都很清楚。他不是一個激情的人，就算看到他在場上有比較激情的表現，可能他背後都有目的，有想得比較遠一點。他如果不是走棒球的路，而是一般升學，我相信他一定就是在班上考前三名的那種人。總而言之，就是他時時刻刻都有在動腦筋，試圖解決場上一切的問題，就真的是在管理。」

● 球迷C：

「洪總就是一個為了勝利不擇手段的總教練，不會跟球員打哈哈、搏感情，而是會絞盡腦汁想怎麼勝利，然後再拚下一場。雖然還是會有少數的愛將，但他盡量不問出身，誰有棒子就讓誰上，如果失誤太多或不專注就換下場。所以球迷間一邊氣他燃燒球員、不顧球員生涯，但一邊又喜歡他帶來一場又一場的勝利。」

● 球迷KC：

「我很討厭洪一中，不過我討厭的不是這個人，是他的專業。

因為以前會喜歡他就是他在坐鎮兄弟捕手時，投捕和內野的守備安排，還有配球都很有一套，會慶幸說他是我們家的，我們支持的球隊有這號捕手，是很讓人放心的。但是當他已經到了別隊，他會用他厲害的那一套來對付兄弟，當然就會很討厭他，除非他帶的是中華隊啦！

我是因為是從職棒元年開始就支持兄弟象到現在的中信兄弟，經歷過洪一中從兄弟到雷公，又到別的球隊當總教練，對他自然會有這些情緒。現在的球迷大部分都是從總教練才開始認識他，都會認為他很懂得運籌帷幄，知道誰的狀況好、誰的狀況差，忽然間一個神調度，馬上就能改變戰局，就會對他很佩服。平心而論，洪總真的是很厲害，不得不佩服他，他到每一隊又離開後，都很明顯看得出差異，他真的很有他的一套。」

● **球迷S**：

「洪總有講過『被討厭的勇氣』，他真的就是這樣有勇氣的人。台灣職棒沒有洪總就不好玩了，他就是很懂規則，什麼時候要挑戰，什麼時候該抗議，所以對手都超討厭他。

他很嚴格，球員當然也會討厭他，球員不會想說洪總做這些訓練是要延續他們的職業生涯。洪總在哪一隊，哪隊球員就會有紀錄，能有紀錄還不就是洪總給的機會？他如果不排球員先發，他們就沒有機會去挑戰這些紀錄。哪有球員天生就會打、就會跑、就會守的，就是要練才會有成績啊！但是球員有幾轟、幾盜、幾救援時，都沒有人要感謝洪總。

球員討厭洪總，所以支持他們的球迷也會討厭他，如果看到球員表現不好或是輸球，情緒要有出口，洪總就變成一個被罵的標靶，但他都不還口、不回嘴，整天被罵超可憐的。這些人為什麼不能回到棒球的本質？贏球最重要，上了球場沒有贏球就不是球星，不是球星就沒有加薪。

球迷進場不也就是希望看到贏球嗎？我是覺得那些都不是真球迷，又不了解球隊裡面整個的運作狀況，管那麼多幹嘛？人生最大的不負責任，就是把責任都推給別人，怪別人之後自己就沒有責任了，像小孩遲到，就會怪爸媽沒有叫他。很多球迷就

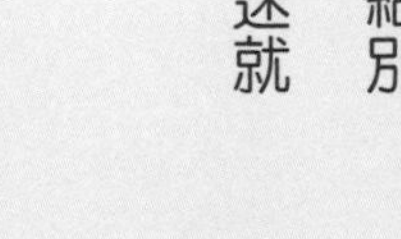

是把這些責任，丟給會負責的人，那就是洪總，他會願意為他的球隊和球員負責，他是我見過最負責任的人。」

● 球迷T：

「所謂操或冰選手，我以球迷的角度來說，為了贏球這些事球員都應該得接受，但對球員生涯很傷，有點兩面刃。如果是個正想要舞台的選手，洪總的做法是他們的機會，肯拚、肯練感覺洪總一定會給機會，而不是明星球員永遠不能動。球員只要好好打、做好該做的，勝負責任洪總都會扛。」

● 球迷C：

「就算是再好的人，只要有在好好努力，在某人的故事裡也會變成壞人，人不能自私到覺得別人都要不自私！以一般社會的經驗，在大家都想要有好績效的情況下，就一定會有衝突的時候。所以身為球迷，我覺得洪總用他追求勝利的方式帶領球隊，就是他的選擇。如果因為這個目標選擇操球員，或者造成將帥不合，反而導致離目標越來越遠，那他的方法可能需要調整，但終究這都是他的選擇。

洪總呈現出來的就是，『如果我知道這個投手會被打爆，我會派他上場嗎？誰不想贏球？』覺得又好笑又有道理，大家都是在有限的資訊下，盡全力選擇，又不是玩遊戲能重來，結果當然會有神調度，也會有爛到不行的時候，大概就是人生吧。」

● **球迷KH：**

「我聽說很多人覺得洪總嘴巴很壞，自己工作當主管以後，就會覺得他會這樣一定有原因，可能球員有些行為是我們球迷看不到的，但是對管理階層來說比較麻煩，如果換位思考，就不會覺得洪總那麼討厭。主管為了績效，會希望貫徹自己的意志，如果下屬屢勸不聽或是唱反調，一定會忍不住要講。

而且老一輩的球員，比較日式，像兄弟就有『苦練決勝負』的標語，就會用自己的標準來要求後輩。洪總在球員時期就戰功彪炳，也和很多明星球員到處為國家征戰過，所以後來就算帶到明星球員，也只會看對方就是這個時代的明星球員，不會有一種壓力說一定要尊重對方，就算認可對方不錯，但是在場上還是應該要聽他的。」

● 球迷J：

「我們自己當主管都會知道，有些人真的比較難管教，但又不能用管教的態度去面對同事。總教練本來就一定會有『管教』的概念，像軍中這樣，所以他一定會有比較苛的地方。」

● 球迷Z：

「我覺得不能說洪總沒有帶到心，如果一支球隊的球員，總教練都沒有帶到心，不可能會有這樣的戰績。整支球隊的球員那麼多，有帶到七、八成已經很厲害了，不可能百分之百，所以大部分的球員應該還是吃洪總那一套，如果不吃那套，就會擺爛，『你講你的、我做我的』去了。只是差別在有少數個案被媒體炒作起來，就會覺得好像很多人對他不服，說他沒帶到心。

洪總適合去帶一支全新的球隊，去到一支不是全新的隊，原本前面的教練已經有一定的帶法，那現在的兵沒辦法完完全全聽他的，變得說他需要去磨合，那球團又想要馬上有成績，自然而然很快就沒有辦法生存。」

● **球迷 KC：**

「說實話洪總去既有的球隊是有點委屈，球團想要急就章，花錢挖了很多其他隊的球員和教練，就會想要馬上看到效果。但是洪總的功用不是這麼用的，他需要有時間去把他的人馬、糧草都建立好了之後，後面再來坐收成果。

如果說是中華隊的總教練，我覺得由他來當是蠻不錯的。洪總有兩個強項，一個是他對投手的狀況非常能掌握，一個是他對戰術上的運用，等於說守的時候，有他的看法，攻的時候，又有他的專業。所以我不會對北京奧運輸中國那場比賽洪總的調度有意見，不是他的問題。拿那時候和現在來比較，會發現球探報告和一些資訊都沒有現在來的完整，那時候所有球員都是一時之選，大家都覺得一定會贏，但是也因為這樣的情況之下，敵人對我們是很了解的，但是我們對敵人已經進步到什麼程度，說實話並不清楚。雖然當時輸中國很難過，但想開了以後，就覺得會輸應該也是合理的，輸了也才有辦法認清我們其實沒有贏人家那麼多。所以很多年後到了十二強，就可以看出洪總的厲害了。」

● 球迷J：

「對照歷代的國家總教練，洪總感覺上是最有在動腦筋的，他的眼神看起來就是有在想事情，他會跟教練團有商有量地在討論、解決問題。不是說其他總教練不好，只是當球隊在陷入困境和危機的時候，好像就比較看不到他們有做什麼，就會有種無法挽回的感覺。」

● 球迷T：

「洪總有點像日本的栗山英樹，他就是代表著這國家最強的總教練！」

棒壇傳奇「洪一中」

從鐵捕紅中到諸葛紅中，他是球迷們喜歡又討厭的洪一中，也是疼愛球迷但不會討好球迷的洪一中，無論球迷是在光譜的那一端，都一致肯定洪一中對台灣棒壇的貢獻。

● 球迷 KC：

「洪總在台灣棒球圈有指標性的意義，他有一個輝煌的紀錄，實力又一直保持在那邊，任何一支球隊都會想幫他把紀錄延續下去的，因為他建立一個紀錄的時候，這個紀錄是留在這支球隊的，所以我看好他會在台鋼雄鷹隊拿到千勝。」

● 球迷 J：

「很感謝洪總對這個國家的貢獻，在沒有人願意扛的時候他跳出來扛，做一些吃力不討好的事，甚至會去倡議一些事，雖然內容我不見得都認同，有些可能太理想化很難落實，可是我覺得他身為一個職棒總教練，會去關心這些事，就表示他心裡面是希望台灣整個棒球環境可以更好，光是有這些想法就很棒了。希望他壓力不要太大，不要把自己繃那麼緊，開開心心帶球隊就好。我會這麼說是因為二〇一九年，我去參加 Lamigo 桃猿冠軍遊行找他簽名的時候，看他的樣子就覺得他很累，這種場合應該是要很風光快樂的，球員們都很開心，但我只感覺洪總非常累，真的太辛苦了。」

● 球迷C：

「有工作經驗的人都知道，持續一致在同一個領域，或者專心致志的做同一種工作有多艱辛。總教練千勝是個相當難複製的累積數據，請洪總一定要保重身體，繼續為台灣棒球圈走出堅持的典範。」

● 球迷KH：

「我知道洪總一直有在慢跑，他的體態都維持得很好，希望他有好的身體可以為台灣做更多的事，像很多人有運動傷害或是酒喝太多，沒有延續生涯就很可惜。雖然說應該要換血讓年輕人上來，但洪總如果一直保持在那邊，會成為一個標竿，他一定可以拿到千勝，這樣台灣和其他棒球國家比起來，我們也能夠有一些歷史可以拿出來講。」

● 球迷T：

「對洪總去富邦，我是真的很不能理解樂天球團，一個三連霸的教練為何就放走。現在洪總接台鋼，我覺得是好的，全新年輕的選手都先吃點苦，等到當了明星球員才能體會珍惜這些辛苦過程。千勝這里程碑在洪總身上來看，就像是只要他肯繼續當教練早晚都會達成。謝謝洪總在我看球的日子，帶給我與家人很多共同話題，很多很棒的看球記憶，我想跟他說聲辛苦了！」

● 球迷Z：

「在場上他很死板，但私底下他不是一個一板一眼的人，看到熟悉的球迷他都很主動會打招呼，像我們這種他認識的老球迷，即使後來在不同隊了，他看到我們還是會跟我們聊天、開玩笑。」

● 球迷Y：

「他對球迷非常好，我第一次參加兄弟的大型簽名會，在環亞飯店，我忘了球團拿什麼贈品出來，洪一中當場就和他們說，『你們拿這什麼爛東西送球迷？』他就叫他們去拿很多象娃娃出來，這在當時是很有價值的東西。他會覺得每一年都拿一樣的東西送球迷不好，這些人其實是衣食父母，應該要更尊重一點。」

● 球迷S：

「二〇一五年七場冠軍戰，從快被橫掃到逆轉變四勝三敗，他帶球隊打了那麼好

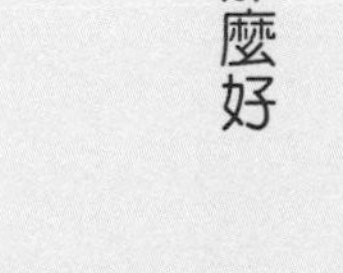

的比賽，還是有球員要對他不滿，說『如果洪一中要當年底十二強總教練，他就不打。』我心想，『洪總是今年台灣大賽冠軍的總教練，不找他要找誰？』所以十二強結束後，我就想說二〇一六年，我要讓大家知道洪一中是有粉絲的。

我做了洪總專屬的加油板，但是比賽中是沒有機會可以幫總教練加油的，我就選在他們打完比賽放歌、教練和球員出來謝謝球迷的那個空檔，拿著板子大喊『洪一中！』當時還有很多球迷要我把板子拿下來，我說，『為什麼？』，他們說，『沒有人在幫總教練加油的啦！』我說，『有，就我。而且球場又不是你的，比賽已經結束了，我又沒有防礙到任何人。』我的堅持也讓許多支持洪總的人，在贏球的時候和我一起大喊『洪一中』。雖然那一年戰績墊底，但是洪總知道，他是有球迷的，洪總賽後都會和我們招招手。

二〇一八年阿迷趴那一天，洪總在贏球後竟然和我招手，問我要不要拍照，說他可以上來。旁邊的好朋友們都跟我說『洪總要上來和妳拍照耶！』我尖叫說，『不會吧！』結果他真的上來了，和我們這一大群球迷拍照。後來拿到上半季冠軍，洪總也有上來，下半季冠軍時，他又再度上來，還直接把他總冠軍的帽子拿下來簽名送給我。即使客場我們在外野，他也都會走過來致謝，他真的很疼他的球迷。

以前沒有人在出總教練商品的，我就和球團吵說，都沒有洪總的商品這樣我要買什麼？所以後來 Lamigo 也出了好多洪總的周邊商品。我做這些的出發點只有一個，我要感謝我的偶像。因為他這三十幾年來都堅守在他的位子上，每當我傷心難過的時候，只要打開電視、進到球場，我就會覺得開心。他當捕手時我最喜歡看他阻殺成功振臂的樣子，還有他當總教練帥氣的跨欄，都能讓我得到很多力量，讓我也可以堅持在自己的生活上。我愛他的態度、愛他的自律、愛他對家人的照顧，他就是跟牛一樣勤奮，一步一腳印去犁他的良田。

我本來是一個很愛抱怨的人，但因為支持洪總讓我變成一個開心、自信、熱情的人。我這麼喜歡他是因為他對我的影響很大，我人生很多重要故事都和他有關，但是這些他都不知道，他只知道我是一個很支持他的球迷。很多人喜歡跟他支持的球員很親密，可以去經營粉絲團什麼的，洪總絕對知道我是誰，我也有過很多機會可以認識

他，但是我認為球迷對球員最大的尊重，是不打擾。我和洪總最好的距離，是觀眾席和球員休息室之間，我不要去破壞這個距離，洪總是一個很自律的人，所以當他的球迷也要很自律。

我更要謝謝總娘，把洪總照顧得非常好，我自己也是媽媽，所以我能理解，很少人能接受老公成天不在身邊，只有打開電視才可以看得到，但是她可以自己這樣照顧三個女兒，對洪總完全信任，犧牲奉獻，讓洪總可以百分之兩百專注在球場上，帶領球隊，讓我們這些球迷可以去感動，可以去重新站起來。從同是女人的角度來看，我覺得總娘超偉大的，所以我真的非常感謝她。

我已經準備好洪總拿到千勝時，要做一些支持他的行動，來表達對他和家人的感謝。」。

就讀鼓山國小六年級的洪一中（前排左一），和飛獅少棒一同拿下全國少棒選拔賽亞軍。

洪一中（左三）從國小就當捕手，一蹲就是三十年，日後成為台灣一代「鐵捕」。

洪一中（前排左二）入選一九七九年羅德岱堡世界青棒賽國手，這是他繼一九七六年世界青少棒賽後，相隔三年再度代表國家隊。

洪一中（左）與重砲手趙士強，從美和中學到文化大學都是隊友，一同入選青棒國家隊，開心在下場房間合影。

出征羅德岱堡結束，全隊停留在美國當地觀光，年少的洪一中也在景點擺出帥氣 pose 留影。

洪一中（左）就讀文化大學，披上贊助公司味全的球衣，進入職棒後卻是加入兄弟象，也算是另類的「龍象情結」。

洪一中（右二）在屏東空軍基地服兵役，並加入空軍虎風棒球隊。

洪一中（前排右一）加入兄弟飯店棒球隊，全隊在龍潭棒球場合影，接受總教練曾紀恩（後排左四）嚴格的訓練。

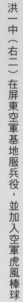

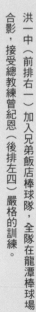

洪一中天生有著娃娃臉，加上努力和拚勁，讓他進入職棒後征服眾多球迷，人氣猶如現在的江坤宇。

效力兄弟象隊期間，年年獲選明星賽；這是在職棒元年明星賽，與開球嘉賓之一的王貞治握手的珍貴畫面。

洪一中（右）與陳義信在兄弟象隊是多年投捕好搭檔，兩人在一九九七年同樣跳槽到台灣大聯盟，成為對手。

兄弟象在職棒五年成為首支總冠軍三連霸的球隊，締造一代象黃金王朝，洪一中（前排右四）是球隊要角。

球員生涯後期轉戰那魯灣雷公隊，最終因台灣大聯盟併入中華職棒，結束十三年職棒選手生涯，達成千場出賽和千安的成就。

3
CHAPTER

總教練沒有教科書

洪總的管理統御理念

總教練在比賽中幾乎每分鐘都在下決定，一場比賽至少燒腦五十四次，還要掌握和裁判抗議的時機，負擔相當大的壓力。

3-1

總教練不辛苦，總教練是痛苦

痛苦又快樂的奇幻旅程

二〇一七年七月二十二日桃園國際棒球場，Lamigo 桃猿隊主場迎戰統一 7-ELEVEn 獅隊。開賽前，洪一中總教練穿著 Lamigo 球團特製的「諸葛紅中」肖像 T 恤，微笑跑入球場中，和全隊一起看向大螢幕上自己受訪的影片。影片中，洪總述說著自己當教練第二年就當上總教練，從什麼都不懂、邊做邊學，到現在能達成這項榮譽，有痛苦、有快樂，一路走來的心路歷程。隨著洪總謙虛的談話，畫面呈現的卻是他各種讓人難以超越的豐功偉業，包含幾場為人熟知的經典調度，奪得數座總冠軍被球員們高高拋起慶祝，字幕同時不斷跑動，紀錄著自La New熊隊執教開始的一百勝、兩百勝、三百勝、直到七百勝，每場達標的年分、日期和迎戰對手，以及拿下超越徐生明總教練高懸十幾年的七百一十五勝紀錄，贏得七百一十六勝時從後援投手陳禹勳手中接過紀念球的那一刻……等等。

影片結束，洪總享受在場球迷們的全「猿」掌聲，接受劉玠廷領隊代表球團致贈的匾額，驚喜看著小女兒搭著贊助商休旅車進場獻上花束。開心自然不在話下，然而當他談起的這些經歷，仍然和影片中的他一樣謙虛，他認為是因為最重要的家人支持，還有公司、教練團以及球員、工作人員和球迷的共同幫助，才能完成這趟奇幻旅程。

洪一中之所以稱這趟旅程「奇幻」，是因為十幾年的過程，心情上下起伏實在太大，有太多旁人難以體會的酸甜苦辣交織。最後成就的這些成績雖然令他開心，但現在腦子裡想的就是，今天晚上要如何贏球？接下來又要怎麼拿下總冠軍，快樂隨之稍縱即逝，他抬起沉重的步伐，朝球員休息室走去。

每次到了要走進休息室的這一刻，各種壓力就會排山倒海而來，只是看著手上那束小女兒獻的花束，為了家庭，他再苦也要撐下去。

一天要下五十四次決策的工作

我不怕辛苦，人一輩子能辛苦地做一件事是好事，我常說勞碌就表示有工作。話雖如此，每當有人跟我說，「總教練辛苦了！」，我每次都會回，「總教練不辛苦，總教練是非常痛苦。」

總教練的痛苦心情，只有真的當了總教練才能體會，所以我再怎麼和教練、球員形容總教練真不是人當的，他們也無法打從心底真的理解，還是很多人擠破頭想要當。不過這種心情我也理解，我也當過球員，我知道，在當球員的時候，也會覺得總教練不用訓練很輕鬆，又很有威嚴可以隨意罵人，薪水還很高，怎麼會不是人當的呢？有一次我覺得好玩，想學前道奇隊總教練喬．托瑞（Joe Torre），讓林泓育去當一日總教練試看看，不過事後想想才一天，也不用真的承擔什麼責任，他是沒辦法體會箇中滋味的。

很少工作是這樣子的，比方一家公司的總經理，可能一、兩個月才要開一次會，決定一些事情。但是棒球總教練這個職務，幾乎每分每秒都要做決定。一年有一百二十場比賽，一場比賽至少有九局，每個半局加起來一共有五十四個出局數，可能就會要下五十四個判斷。因為每一局，每一個投手、打者、守備的表現都不同，包含自己和對方球隊的各種狀況，不可能複製，完全無法預測，更別提突發緊急狀況的時候，可能光是一個人次就要做好幾個決定。要不要換投、換守備、換代打，換了對不對，不換對不對，怎麼布陣、怎麼跑壘，什麼都要考慮，心裡面各種掙扎真的天人交戰。

所以總教練每天的心情起伏都非常大，假設一到八局，局局都有得分，也許真的會比較輕鬆，也會感覺這場比賽要贏了，但是可能在第九局忽然風雲變色，轉眼間就被追平，氣勢一逆轉，到延長賽就整個垮掉了，那種心情真的不是一般人能夠體會的。所以總教練做越久，膽子會越小，因為我看過一局灌進十幾分後還是被逆轉，失敗的例子看太多了，領先再多也會不安心，直到最後一個出局數出現，才能真正放下心來。

必須做決定的當下又不能逃避，跟裁判和對手說，「不好意思，我們打到第六局就不打了，我們認輸。」也不可能跟球員和教練團說，「我先回去想一下，明後天大家開會討

論一下再決定。」每場比賽都要立即下判斷，平均一週有五天要面對輸贏。可是棒球偏偏又是一個高失敗率的競技，就算勝率高達七成好了，還是有三成是輸球的，不可能總是一帆風順，天天都贏球的。即使贏球，過程還是要經歷那種高強度的決策掙扎，輸球的過程也是一樣。

我在當總教練的前十年，尤其是中間那幾年，從結果來看好像是勝場比敗場多，但其實是痛苦比快樂多。執教到二〇二一年，十七年來，大家看到我是一個快達到千勝的總教練，但我自己看的是九百九十一勝加八百四十四敗加三十四場和局，我一共痛苦了一千八百六十九場比賽（還沒算進痛苦指數翻倍的總冠軍賽對戰數呢）。

可能這麼形容有點誇張，但我的感受就是這樣，譬如說，三連霸好像很風光，我好像帶到了一支常勝軍，但是三連霸只是結果，過程要經歷多少煎熬，只有我自己知道。一支冠軍隊，不可能一開始就一路贏到最後一場，即使贏多輸少，過程中還是會一下子擔心被追過怎麼辦，一下子擔心選手會不會出什麼狀況，氣勢會不會中斷變成大反彈。二〇一七年 Lamigo 桃猿隊七十八勝那一年，即使上下半季我們都拿到冠軍，我那時候心裡壓力還是非常大，因為贏成這樣最後沒拿到總冠軍會更慘。不要覺得不可能，前一年的NBA金州勇士隊就曾經這樣，全年勝率高到快九成破紀錄，結果還是沒有拿到總冠軍，就是會有這麼慘的事。所以我整年都在擔心總冠軍賽要怎麼打，反而是第二名壓力比較小，反正輸是正常的。

棒球根本沒有什麼勝利方程式，或是什麼神調度，什麼神機妙算。今天下這個戰術有用，明天下同一個戰術就不一定會成功，它永遠都在變化，沒有固定的模式。所以為什麼會贏，其實根本無從得知，為什麼會輸，當然也不會知道。連敗的時候，真的一點辦法也沒有，根本找不出錯誤的點在哪裡，就沒辦法去改正它，連勝的原因，當然也不會知道是什麼。所以常常會一下子連勝，一下子又連敗，連勝的時候會擔心會不會下一場就輸了，連敗的時候不知道什麼時候可以贏一場。

只是身為總教練，不能把棒球這種不可預測當作藉口，所以每次打完球，回到家，躺在床上還是會忍不住去回想，「今天為什麼會贏？今天為什麼會輸？」腦筋還是會一直轉停不下來。要是連敗的時候會更慘，我會一個人坐在球場辦公室裡，想盡辦法要解決這個

困境。做越久越會多想，久而久之累積的不是經驗，反而是恐懼。

只要場上一發生什麼狀況，腦袋裡的畫面就會跑出來了，這種情形我上次是這樣做的，所以我這次是不是應該這樣做，或是不要這樣做？然後場上的狀況又不容許我繼續猶豫，每次都要在一定的時間壓力之下，在「要不要、要不要、要不要」中掙扎。

如果當總教練每一天進球場，都在擔心今天會不會輸，那個心態其實是很恐怖的。所以我時常懷疑自己的個性是不是不適合當總教練，因為我太想贏，每一場都想贏，這可能是我的優點，但也可能是我的缺點，因為棒球是不怕輸、輸得起的人比較放得開。我很容易在輸球的時候鑽牛角尖，跟自己過不去，真的是會吃不好也睡不好，非要到下一次贏球時心情才會好轉一點點，但贏了球又還是會擔心下一場比賽。

球場上，經常可以看到有總教練在球員休息室裡，手掛在欄杆上的畫面，看起來好像很輕鬆愜意。但是其實很多時候，是把頭低下來，在心裡面求天、求地，「拜託老天爺，幫忙一下，讓球員一棒打回來啊！」、「求求祢，讓這球穩穩地接好出局吧！」所以棒球才會有很多的忌諱，因為沒辦法掌握，就只好靠很多超自然力量，掛鳳梨、掛菜頭、擺播放佛經的機器，換一下方位什麼的。有總教練曾經跟我說過，「今天贏球我是開這個路線，明天我也要開這條路，絕對不會換。」不是只有台灣人好像很迷信，美國、日本也一樣，置物櫃要怎麼擺，襪子要綁一條線，帽子要反戴，不能跨過什麼線，各種奇奇怪怪的做法，我還有看過日本教練放一尊關公在身上。但是我很務實，我就是不擇手段要贏球，比較不會忌諱這些，偏偏棒球又是這麼難以掌握。

所以要做好一個總教練，我覺得最困難的不是多會訓練、指導選手，或是能想出什麼多厲害的戰術，而是要強化自己的心理素質，對贏球要有渴望，但又要能不怕輸球，才比較能掌握無法掌握的棒球。

一個人要扛全部責任的工作

總教練的痛苦指數非常高，要下決策，但是執行的人不是自己，球隊的輸贏主要是掌

握在選手的表現上。不過我想棒球的無法控制也就是它好看的地方，就像打電動，打到後來就不好玩了，像我之前在玩《惡靈古堡》，最後某幾關怎麼樣就是打不過，但是我可以看攻略，人家會講解，教我怎麼破關，我只要照做，最後一定可以過關，但這樣就沒意思了。我知道棒球的魔力，所以我被球迷罵沒關係，他們不懂，他們就是愛這個運動，有期待才會這樣。但是被同行批評，我就很不喜歡了，對我來說這不是指教，只是事後諸葛，如果真的這麼厲害，怎麼不出一本教科書，寫一個總教練攻略，那大家都可以照著做了。總教練是沒有教科書的，所以當別人問我可以給其他總教練什麼建議，我最忌諱這個，我一定不會給，我又沒有比較強，憑什麼給別人建議呢？

我最多只能分享我的經驗，那就是總教練是一份痛苦的工作，必須要把自己心理強度建設好，要承擔各種負面情緒的苦，做決策後，不只是要面對結果，還要面對公司，面對球員，還有球迷的檢視。就算你認為是對的選擇，結果呈現出來是錯的，就還是會被罵，因為看球的人只能在旁邊罵。總教練會被所有人罵，但是又不可能去罵老闆、罵球迷，有時候在比賽的當下還不能去罵選手，罵了無濟於事而且可能變得更糟，所有情緒只能忍在心裡，那個反差很大，所以總教練很容易生病。我又急性子，一看到不對的事會立刻想去導正過來，碎碎念個不停，我知道選手表現不好，回到休息室馬上被念，只會表現更差，但我就是忍不住，因為我很急著想把問題解決。總教練當了十幾年，我還是常會掙扎，看到問題要不要講，覺得不講不行，講了氣氛又不好，這點我始終拿捏不好。

我在當選手時就對輸贏沒有那麼看重，當然也是會想贏球，但是如果輸了就輸了，我只要把自己顧好就好了，因為縱使今天球賽輸了，但是個人成績很好，責任就不一定是我要扛，就算是我沒打好，也不完全是我的問題，所以回去可以一覺到天亮。有一年兄弟勝率超高，每一天進球場都很開心，感覺今天又要來贏球了，不會覺得要輸了，一點都不擔心，就算結果是輸球，就會覺得下一場再贏回來就好了。但是當總教練不一樣，輸了就會被當箭靶，冠軍就是全體球員和球團成員的功勞，輸了就是總教練的責任。

總教練和球員最大的不同是，球員是比較辛苦，要練球、要比賽，但是不痛苦，因為不用做決定，上面交待下來，有盡力把它完成就好了；總教練不辛苦，不用訓練，不用上場打球，但是要一直下判斷、承擔責任比較痛苦，做決定又比做事困難得多。我知道這個

心理差異，所以我很難要求球員理解我所承擔的壓力。

有一個部分我覺得自己做得比較好，那就是我很公平。只要能贏球，我對選手的好惡不會影響我的決策。只有在簽賭案那一年，選手對我的不滿來自我無法信任他們，進而做出讓他們不能接受的決策，那時候的氣氛，真的讓我很想辭職。除此之外，日後發生幾次選手對我不滿的事件，我真的完全不會介意，我很習慣被選手批評了，我端端正正，我又不是拿錢打假球，或是因為你賄賂我才用你，還是有什麼私生活不檢點，我就事論事，你要怎麼講我你就講，你這個選手可以用，我還是會用你。我會用你不是我個人的好惡，而是公司請我來把這個球隊帶好，我要對公司負責，我跟你沒有私人恩怨，你罵我，是你自己對我不滿，但我還是要把我的事情做好，我公私分得很清楚，平常我們不來往就好。

有時候球員會來和我解釋或道歉，我都說：「沒關係，我不在意，只要你可以比賽就好。」當然，如果是公司決定不用那個選手，我就沒辦法了，雖然我知道如果球員被冷凍了，矛頭一定都指向我，可是當總教練就是得扛這種東西。這也說明了總教練能不能帶好一支球隊，和公司老闆的想法也很有關係，老闆能尊重專業，信任我的決策，就很重要；

而不是被球員甚至是球迷牽著鼻子走，如果不行，總教練綁手綁腳工作就不可能做得好。

還有一個很重要的核心是教練團，在日本職棒，如果總教練被換掉，會是全部教練一起走，我在 Lamigo 桃猿隊的時候，曾經有一個日本巨人隊的球探來台灣和我聊天，問我總教練當了幾年，我說十幾年，他就說「哇！Lamigo 桃猿隊的教練團很幸福。」因為對日本人來說，總教練沒換，這個教練團成員就可以一直在。但是台灣的制度不一樣，教練團各自獨立，也許公司會參考總教練的建議，最後去留還是老闆說了算。所以教練有可能會想討好選手，不一定心向著總教練，因為如果照總教練的意思去督促選手而被選手討厭，總教練被換掉的時候教練一定跟著一起位子不保；如果戰績不好總教練被換掉，但教練和選手關係還不錯，選手可能會幫教練向公司講話，他就不一定會被換掉。這樣的制度很容易造成教練團無法同心，我在上面罵，教練在私下安撫說不用聽總教練的，大家都做好人，壞人當然就總教練一個人當，甚至最後變得連選手的調度，總教練一點權力都沒有，都被架空了，要怎麼運作？球隊打不好，是我要一肩扛，哪有這種事情。如果教練團一條心，球隊就會好帶，因為選手會越來越少反抗，球隊的運作就能照著總教練的規劃去走。

總教練要對抗自己的心魔，還要能駕馭球員，背後要受公司的信賴和支持，還要有教練團的同心協力，這些全都缺一不可。全部都有了，還得求天、求地，在棒球這個不受控的領域裡得到一點運氣，真的是一個極度痛苦的工作，也許就是這麼困難，才會讓人那麼想挑戰吧。至於我，這麼痛苦的工作為什麼還能繼續做下去？我還是那句話，如果不是為了家庭，我早就不做了。

洪總的領導統御觀

- 我對勝場紀錄沒有那麼在意，我只在意當下有沒有贏球。
- 棒球就是失敗率很高的行業，每一個一百勝背後一定有七十、八十敗，一定有高有低，有快樂有痛苦。

- 今天下這個戰術有用，明天下同一個戰術就不一定會成功，棒球永遠都在變化，沒有固定的模式，沒有辦法控制。總教練是沒有教科書的，如果有誰真的這麼厲害，就出一本教科書，那大家都可以照著做了，但這就是棒球好看的地方。想當總教練要有自覺，這是要一直下判斷，還要承擔所有責任、一個很困難的工作。
- 只要能贏球，我對選手的好惡不會影響我的決策。我就事論事，你要怎麼講我，你就講，你可以用，我還是會用你。
- 總教練能不能帶好一支球隊，和公司老闆的想法也很有關係，他能不能真的尊重專業，信任我的決策，都很重要，而不是被球員甚至是球迷牽著鼻子走。

3-2

決定沒有對錯，只有成功不成功

諸葛紅中的都市傳說

中華職棒傳奇總教練洪一中，之所以被稱為傳奇，在於他自二〇〇四年至二〇二一年執教期間，共獲得九九一勝以及七次總冠軍的驚人紀錄，皆為聯盟之最，且在二〇二三年接任台鋼雄鷹隊總教練，有機會於二〇二四年繼續推進各項紀錄。此外，洪總任職於 La New 熊、Lamigo 桃猿及富邦悍將隊總教練期間，其他各隊總是頻頻換帥，中信兄弟隊共經歷了十一任總教練的汰換、統一 7-ELEVEN 獅隊則換了九任，在他自猿隊轉至悍將隊前，該隊共換過八名總教練。在中職總教練這條路上，洪總走得最長、最穩定，造就不凡的成績，當媒體、球迷們探究其為何能如此成功時，不免會誇大其辭，甚至到了怪力亂神的程度，成了都市傳說。然而實際上真有這麼神？還是球迷、媒體的穿鑿附會？

奇異第六感

因為洪總執教經驗多，直覺準確，經常上演推出奇兵致勝，或是神來一筆調度奏效，例如使用野手登板投球守住勝利，更換代打擊出再見全壘打等等，而後經常被球迷認定為調度之神。但是若以其執教生涯勝率五成四，決策成功率也只是五五波。

會跨欄的行動棒球規則書

洪總熟知職棒規則，又善於拿捏抗議尺度，每每有爭議判決，都能適時跨越休息室欄杆衝入場內，與主審就規則書內容據理立爭，不但成效高，又時常造成場上情勢改變而贏得勝利。另外，對於幾次選手遭對方投手觸身球的上訴，無論是否爭取成功，最後對戰方總是輸球收場，因此被推崇為最會運用棒球規則換得球隊利益之總教練。熟悉遊戲規則為一種專業表現，贏球成功機率高也是理所當然。

火眼金睛

自中職引進電視輔助判決後，洪總的挑戰成功次數驚人，還達成聯盟史上第一次以輔助判決結束比賽贏球，也有多次挑戰成功後，造成氣勢改變而逆轉勝。中職所有球隊實際的挑戰成功率至今皆不高，加上中職裁判能力仍有一定水準，聯盟開始推出電視輔助判決的第一年，洪總所屬球隊的挑戰成功率確實為四隊之首；然而後來也一度敬陪末座。

神秘的第七輪

洪總獨具慧眼，無論參與選秀的選手原來知名度高低、學生或業餘時期表現為何，洪總不一定都以帳面成績做出選擇，但總能挑到明日之星。曾經捨旅美歸國投手大物，選了年輕野手，但其後來成為打擊大王，是球隊屢次爭冠的主要功臣；更厲害的選秀順位偏後的選手，常常最後都會變球隊主力，尤其是第七輪的選手。事實上，自該球隊成軍至洪總離開，七次的選秀第七輪，至今只有三名球員為主力，另四名如今皆已離開中職一軍，成功率並未過半。

謎之雨

球隊領先時忽然下起大雨，當裁判裁定比賽贏球後就沒有再下雨，因而洪總被視為擁有可以左右天象的能力。實際上這種狀況僅發生過一次，可以說幸運，可以說巧合，但是因此認其具有「天變」之能可說是無稽之談。

綜觀上述歷證，洪總並無超人神力，對於各種稱號，他也從未以此自居，唯一讓他感到自豪的紀錄，只有總教練做了十七年這個數字。能在執教路上走這麼長的時間，他肯定自己的執著努力，也謝謝老天給了一些幸運。至於成功秘訣，沒什麼奇怪的方法，就是「勉強自己」而已，只能說天助自助，只要老天賞飯吃，他還會繼續勉強自己下去。

贏球治百病，輸球一身病

我不會因為別人的讚美而感到自滿，也不會因為別人的批評而失去自信，棒球就是這樣，如果做的決定和其他總教練不一樣，贏球就是神調度，輸球就是爛調度；就算做的決定是所有總教練都理所當然會做的，輸球依舊是爛調度，贏球當然還是神調度。

所以一定要相信自己，今天能做到總教練這個位置，就有一定的經驗和能力做決定。每一個決定必然是當下自己認定最好的選擇，所以不要去後悔，棒球本來就是很運氣的運動，我要是可以預先知道換這個人會輸球，我當然打死也不會換，所以回去想那些也是無濟於事。棒球是一個沒有標準答案的運動，它只是勝敗論英雄，所以要相信做的決定沒有對或錯的問題，只有成功還是不成功而已。

我的原則是，在春訓時把球隊練到最完備，然後和教練團一起決定每個球員最好的角色定位，就盡量不要動，視開季後實戰情況慢慢調整，要有點耐心。棒球很靠運氣，同樣一批人，球隊打順了就會得分連連，不順的時候連一分都很難得到。所以當球隊在順的時候就不要有任何改變，順順走會比較好，不要在很順的時候，就不懂得沉著，想要展現自己的調度特色，出奇兵、弄布陣，搞一堆有的沒有的。不要因為一次的成功，就認為這樣一定對，也不要因為一次的失敗，就覺得自己錯了。職棒不是打盃賽，是一整個球季，要盡量用科學的比率來看，不要太輕易改變贏球的模式，也不要一有不對就換來換去。認為這樣對，就繼續做，偶爾失敗沒關係。球隊一好就想展現個人特色，結果弄得一團亂，這樣也不是，那樣也不是，反而就掠龜走鱉了。

可是現在當總教練，越來越難照自己想要的節奏走，因為媒體、社群的影響力很大，就算總教練相信自己，不去聽那些聲音，但公司會去看，就會希望總教練照著風向改變。如果總教練依然故我，球隊又剛好一直輸球，公司的信心就會動搖，總教練就會被換掉。如果總教練照做了，球隊剛好贏球，那以後就得一直照著風向走，那就會整個亂掉，最後總教練還是會被換掉。

經營球隊的公司，難免會因為戰績不好就換總教練，但是總教練真的不能一直換，因

為一個總教練在用人的時候，不是只有考量每個選手的技術層面，不同選手的心理素質、想法、心態，不同資歷球員的成長階段，還有球隊的文化，什麼都要考慮在內，這些都需要花時間才能全部熟悉。當總教練完全掌握了這些，比賽來的時候才知道要怎麼用人，選手該怎麼換，有時候技術當然是最主要的因素，但是心理層面也會有很重大的影響，比方這個時候換這個人，他的技術也許沒問題，但是心臟夠不夠大，能不能承受壓力，就又是另一回事了。心理素質不是一、兩場就看得出來的，一定要有一段時間，當總教練好不容易弄清楚後，又被換掉，那就沒用了。

還有一直換總教練對於球員的心態也有影響，選手會覺得不用太聽總教練的，他可能會想，「沒關係啊，你講你的，我做我的，不知道誰會先走。」球員有這種想法很正常，因為總教練很可能明年就真的被換掉了，為什麼要照他的意思做？如果多數球員都這樣，就很難去建立一個球風和文化。

所以一支球隊的成敗，雖然必須由總教練來承擔，可是不完全在總教練的決策能力上，球員占了最大的因素，但是球員又不是那麼好駕馭，每一個年輕人都有自己的想法。以前我當選手時，是要去適應總教練的行事風格和脾氣，現在我當總教練則要去適應球員。可在台灣沒辦法不去適應和了解球員，因為台灣和日本、美國不一樣，選手表現不好、不聽你的直接換掉就好了，我們就只有這些菜，要想辦法料理。運氣好拿到很好的食材，就有機會煮出一道好菜，如果食材差一點，那就只能想說，就算沒辦法把杏鮑菇煮成鮑魚，至少不要把它煮爛。偏偏我比較沒耐心，會恨鐵不成鋼，就很愛念。比較會想的選手就會覺得「教練在教我」，不會想的就會覺得「教練對我有偏見」，如果是後者，那就很難建立一個健康的關係。

總教練也不是全能，每個選手能進到職業都有一定的實力，也各有所長。師父領進門，修行在個人，總教練只是一個輔助者的角色，沒有辦法真的去「教」選手什麼，我自認能教的不多，都只能是一些觀念性的東西，比方說選球，在遇到好球帶特別大、特別寬的裁判時，我會提醒他們如果兩好球後就要特別注意，選球不能太挑，差不多的球來就盡量打，不然站在那邊被拉掉再抗議說那是壞球，根本沒有用；同樣的，假如這個裁判的好球帶很小，很嚴謹，我就說今天可以稍微等一下，好好選球。這些道理都很好懂，只要適時提醒

就好，至於怎麼打成安打或全壘打，就只能各憑本事了，很難用教的。

球員不受教，願意受教我能教的也有限，然後食材就是這一些，只有選秀是可以挑到好菜機會的時候，所以我很看重。大家實力都差不多時，我確實會優先選擇名校出身的，畢竟他比賽的歷練比較多，訓練方式一定也比較扎實。我通常都是和球探、教練團，還有球團，大家一起根據球隊的需求討論人選，要是所有人都舉棋不定的時候我會下決定，有時候連我也難判斷的時候，就會用投票的方式。

我們會模擬其他隊可能選的方向來操作，一個人代表一支球隊，一輪一輪看，如果這個球隊選了這個選手，那我們要怎麼選，不過都是前面幾輪比較準，後面真的算不太出來，就只能現場隨機應變看運氣了。一支球隊今年打算要選幾個野手、投手，會有一個大概，但我通常不會這樣去看，我只要選「好手」，就算今年我們很缺投手，但參加選秀的投手都不好，我為什麼要硬選？尤其是投手沒選好，會很影響戰績，是要付出代價的。

比方洋將也是，不可能不實戰，而且一定要看一段時間才準確，等到確定他不行，他可能已經三、五敗了，但是野手沒發揮實力、沒打好，球隊不一定會輸球。要贏球不是有人就好了，我寧可缺也不要選不好的人進來。

如果人選實力都差不多，我就要看心理素質，看球探對於這個選手的評價，有拚勁鬥志、個性又好的選手是我偏好的，有一些疼痛會蓋起來，繼續為球隊拚鬥的那種。個性好不一定是要很乖的，是穩定但很有自信的，太乖有時候反而會不夠靈活。

當然選秀還是很看運氣，而且通常選手到了職棒就定型了，很多習慣難改得過來，像有一個日本教練就曾經跟我說，「到了職棒你看他投球姿勢怪怪，別想幫他改正過來，如果他真的改得過來，我就切腹。」一個球員的習慣就是這麼誇張地難改，如果是體能方面的問題還有機會可以改變，比方沒力就吃高蛋白、做重量訓練，讓力量增加，技術也就可以因此突飛猛進，心態就會更穩定。

可是仔細評估真的不行，我也不會想要化腐朽為神奇，拚命操選手把他練到好，只能盡量不用。如果態度很好但實力差的球員，我會鼓勵他轉換角色，比方說去多訓練一個守備位置，或是多去跟教練學習，因為不夠好的球員，不一定不會是好的教練，我就會往這方面去開導他，因為運動有時候真的是要靠一點天分的。

我曾經對一位很認真練習的球員說過：「你就算一天練二十四小時練到死，你也贏不了和你同守備位置的人，但是你的頭腦不錯，可以朝教練發展，把認真的態度轉化到這方面，像沒有上去比賽的時候，也要在旁邊看能怎麼鼓勵大家，在場邊觀察，培養當教練的思維看看。」教練只要是邏輯對就可以做得不錯，但選手的天分是模仿不來的，後來他果然就成為一名不錯的教練。

雖然我的觀念是不要去後悔，但我當總教練也是越當越沒信心，因為失敗例子看太多了，膽子就會越來越小，又要顧這、又要顧那，初生之犢才不畏虎。就像打者面對新投手，什麼都不知道，球來就打了，越了解對方反而越打不到，因為會一直猜他會怎麼配球，先做好功課有時候反而會反效果，但又不能不做，這樣更難進步，真的是很兩難。所以我不會怪大家有「贏球治百病，輸球一身病」的心態，我自己也這麼在意贏球，我不求自己的決定是對的，但當然會希望它是成功的，只能時時提醒自己每場比賽都當第一場來看，失敗了也不要妄自菲薄就好。

是事後諸葛，不是諸葛紅中

經驗讓人變膽小，但經驗又很重要。

我當教練第二年就接總教練，教練的經驗還不足夠，事實上是有一點惶恐。幸好當選手的經驗足夠，已經不知道集訓過多少次了，知道該怎麼練習該怎麼做，都很清楚，想說就先把選手的訓練經驗盡量分享出去就好。可是很多場上應變能力是沒辦法教的，一定真的要到比賽，有實戰經驗，選手才能自己慢慢去體會。同樣的，總教練的應變能力，也是要經過實際比賽的洗禮，才知道危機要怎麼處理，所以總教練這條路，我一直是邊走邊學。

雖然執教經歷越多，膽子越小，但多少還是有些成功經驗可以分享。不過正因為結果是「贏球」，所以才叫做「成功」，結果都出來了才講如何成功，就是「事後諸葛」，所以我不說自己是「諸葛紅中」。

二〇〇四年我剛接 La New 熊隊的時候，整支球隊到處都有問題，投手、野手條件都

不好，我就想說要怎麼把最嚴重的問題先解決。我給自己的觀念是，我要先鞏固守備，投手先不管。有人會覺得戰績不好一定要先選投手，但我反而認為野手不好、守備不好，沒有攻擊性，投手再好也難贏球。

有些好的野手選進來就能夠用很多年，像林智勝一進來就做了十幾年中心打者。那時候我選林智勝和石志偉，大家還覺得奇怪，La New 熊隊明明很缺投手，為何不選投手，我說沒有守備和攻擊能力，再好的投手都沒有用。先把九個守備位置搞定，投手就靠洋將，再慢慢去補，最後漸漸把球隊的型弄起來。轉成後來的 Lamigo 桃猿隊，野手常常能把投手失的分數打回來，才會被球迷稱為暴力猿，就是從 La New 熊隊就開始建立的根基。

最常被球迷們開玩笑討論的「跨欄救明星」，我自己也是印象深刻，因為那發生在總冠軍戰，實在是太重要了。二〇一五年 Lamigo 桃猿隊戰績全年第一，總冠軍賽有四場主場的絕對優勢，可是居然一下子被兄弟弄到三勝一敗聽牌，之後要三場全贏才能翻盤，沒有輸的空間。那場第六戰只有領先二分的情況下，滿壘被選到四壞球保送擠回一分，洋投明星為主審的好球帶動怒。我那時候第一時間的想法就是，「糟了，明星衝下投手丘了！」我真的很怕他被主審趕出去，在那個當下，我立刻判斷如果我被趕出去，對戰局的影響，要比他被趕出去小很多，我一定要在他對主審有不敬的言語前，擋在他的前面，即使換我被判出場也沒關係。我在和主審據理力爭的同時，一定要有一些動作盡量把他隔開，這有兩層意義，除了防止他被趕出場，另一個就是我要讓明星知道，我在挺他，他才會消氣冷靜下來，也更有鬥志想把這場球拿下來。結果他不但成功守下來了，這個氣勢延到隔天第七戰，明星還投出無安打比賽為球隊贏得冠軍，這個「跨欄」動作我自己都覺得非常關鍵。這就是我說的經驗累積出的本能反應，讓我可以馬上做出這個動作（當然平時有在運動靈活度也有差啦！），只要再遲疑一下下，明星一定會被主審趕出場，接替的投手根本來不及熱身，就可能被兄弟逆轉，無緣奪冠。

二〇一九年 Lamigo 桃猿隊已經在七年內拿下五座冠軍，可是棒球沒有什麼保證贏球的，我們上半季拿到冠軍，但下半季的狀況就很差。我那時候絞盡腦汁都想不出辦法，一直都到九月要打總冠軍戰了，還想要再做什麼訓練也都來不及了。我就在想要用什麼方式

來改變這個戰局，我唯一能想到的就是，既然另外幾隊在爭下半季的冠軍，才有台灣大賽的門票，一定會毫無保留全力以赴。我就想說，「好，那我就利用這個時間讓球員多休息，不管戰績怎麼樣，起碼我全隊的身體狀況都是完全沒有疲勞的，可以健健康康出賽。」當然這樣做也可能球感會跑掉，但反正狀況已經不好了，至少讓大家都保持體力，因為我那時候有個直覺，選手沒有什麼特別的問題，應該純粹就是疲勞而已。所以休息日我也不練球了，比完賽休兩天我就完全休兩天，比完賽又再休兩天這樣。

有一次連續休到我比完賽就拎著包包要回去高雄，遇到玠廷，他問我，「總仔你要去哪裡？」我說，「回家啊！」他很驚訝的回我說，「又休息喔？」我就回，「對啊，不然咧？」他就有點擔心說都要總冠軍賽了為什麼還一直休息。但我也不會跟他說我的想法，講那些都多餘了，還是要呈現出結果再告訴他，甚至教練團也不是每個人都知道，只覺得最近好像比較輕鬆一直休息。這是一個賭注，要擔很大的責任，必須承擔這個風險，但當時這是我唯一能想到的方法，還好結果就是四勝一敗拿下總冠軍。我後來才和玠廷說，我那時候為什麼要休息。這是我執教生涯，唯一一次放掉我最重視的練球。

這三個「成功經驗」，都不是什麼神調度，我之所以會想談它們，正是我說的必須要給總教練時間。強化球隊的體質，建立球隊的風格文化，需要一步一步慢慢來。在高張力比賽的壓力下，能依本能做出最果斷明快的決定，也是需要長久經驗的累積。有足夠時間對球隊每個球員都充分了解，在球隊低潮的時候，才比較能找出最主要的原因，然後做出有效的改善方法。

每個當下的決定，都只有幾分幾秒的時間，卻又是來自長時間的經驗累積。決定沒有對錯，只有輸贏，以我執教的累計勝敗來看，成功率也不過比百分之五十高一點而已。所以我還是那個觀念，只有盡可能把職業生涯走長一點，自然就能累積多一點點經驗，那成功率才可能高一點點，也真的是只有一點點，所以請不要再叫我諸葛紅中了。

◆ 每個決定一定是當下最好的決定，不要去後悔，回去想那些都只是事後諸葛，無濟於事。

◆ 棒球是一個沒有標準答案的運動，它只是勝敗論英雄，做的決定沒有對錯，只有成功不成功而已。

◆ 不要因為一次的成功，就認為這樣一定對，也不要因為一次的失敗，就覺得自己錯了。職棒不是打盃賽，是一整個球季，要盡量用百分比來看。認為這樣對，就繼續做，偶爾失敗沒關係。

◆ 不要去看今年要選幾個野手、投手，只要選好手。就算今年很缺投手，但參加選秀的投手都不好，為什麼要硬選？要贏球不是有人就好了，寧可缺也不要選不好的。

◆ 態度很好但實力差的球員，可以鼓勵他轉換角色，比方多訓練一個守備位置，或是多跟教練學習，因為不夠好的球員，不一定不會是好的教練。

◆很多場上應變能力是沒辦法教的，一定真的要到比賽，有實戰經驗，才知道危機要怎麼處理、人什麼時候該換，所以總教練這條路，一定是要邊走邊學。

◆必須要給總教練時間去經營球隊，需要時間了解每個球員的技術能力、心理素質和成長階段，才能強化球隊的體質，建立球隊的風格文化；能在高壓下能做出最明快的決定，也是需要時間累積經驗。

3-3

帶人帶心，只能取其一

舞棍阿中

二〇一二年台灣大賽開打前夕，Lamigo 桃猿隊在社群發布了一支影片，由總教練洪一中帶頭跳從韓國紅到全世界的「騎馬舞」，為緊張的備戰過程，增添一些輕鬆的氣氛。影片中大部分的球員表現都很害羞，反到是教練團比較放得開，尤其是難得看到平時嚴肅的洪總毫不畏懼鏡頭，扭動全身大秀舞技，球迷紛紛留言表示讚嘆。歡樂舞蹈啟動了全隊上下合一的團結氣勢，Lamigo 桃猿隊最終在系列戰以四勝一敗輕取統一獅。

二〇一三年中職例行賽猿獅對戰，六局下半時，桃園主場外野四座燈柱因為過熱跳電同時熄滅，球場瞬間陷入一片漆黑當中。此時，Lamigo 桃猿隊總教練洪一中，自休息室跑出來化解這個尷尬場面，在場邊和啦啦隊一起帶動唱，與球迷們共跳球隊招牌應援曲《Lamigo 超級霸》，首席教練林振賢也加入和洪總一起扭腰擺臀，重現過去跳騎馬舞的氣勢，將氣氛炒熱到最高點。跳電變跳舞，全場球迷一同開心度過了長達二十分鐘的等待時刻，終場球隊也以四比〇完封統一獅，為此夜畫下完美句點。

二〇二〇年球季富邦悍將隊推出《將將好生活》主題日，賽後請來總教練洪一中的偶像歌手陳昇和新寶島康樂隊出任表演嘉賓。洪總原本只是趴在球員休息室欄杆上合唱，直到被台上的子弟兵求援，加上全場球迷的鼓噪，洪總才願意上場，與陳昇合唱經典歌曲《鼓聲若響》。洪總上場時開玩笑說，「我不知道大家都這麼想看我出糗。」沒想到洪總氣場十足完全不見糗態，間奏時，他還扭起屁股和舞群一起跳恰恰，韻律感十足舞力全開的模樣，引起全場球迷的陣陣驚呼聲。稍早的比賽，富邦悍將是以五比四擊敗中信兄弟，收下近期的二連勝。

我是來贏球，不是來贏人心的

我知道大家都認為我不是一個會帶心的總教練，其實我何嘗不想帶人又帶心，但是如果帶人帶心只能選一個，我一定選帶人。

總教練需要了解球員的性格，不過了解是一回事，要不要討好又是一回事。如果這件事該講，但我知道講了他一定會很不爽，我還是會講。帶球隊真的很困難，每個選手都有自己的個性，一定會講一些有的沒的，但我可以接受，因為公司請我來，就是要帶領球隊贏球，不然難道是要來和球員交朋友的嗎？

每當有批評聲傳到我這裡時，我通常不會去說什麼，因為我不會聽球員講什麼我就去講什麼，那條紅線我畫得很清楚。我不是聖人，做事一定會有好或不好，我有一個長處是我不固執己見，我會檢討自己，偶爾會和球員談一下，如果我聽到自己確實有不對的地方，我會做修正。只是人的本性就是這樣，修正也只能修一點，不可能有一百八十度大轉變，但我能夠做這麼久，就表示我的本性應該算是好的，我是腳踏實地在做事情，這就是我在這個職場上，經歷過這麼多風風雨雨還是會在的原因。

我不理會批評，但是有些事情會被媒體炒作起來，有的選手知道球隊倚重他，有的選手知道自己有人氣，久了就會有恃無恐變「油條」，凡事都想照自己的意思做，但我說過不管多大牌，只要影響球隊我就會講。不過對方站在自己的角度去解讀，很容易就會曲解我的意思，當他有機會公開表達對我的不滿，自然就會選擇講自己想講的，這是人性。所以我從不會為這種單一事件去回應什麼，我就當成是對方誤解了，我知道自己行得正就好。很多事件當時是其他教練、球員都在，大家都知道我不是這樣講的，報導不見得會和我求證，有些記者知道實際狀況看不下去，會問我要不要寫？我都說：「不要，算了，吵來吵去不好啦！」我都沒有去理它，當總教練也不是第一天被批評了，沒必要一一去回應、澄清。

講話被錯誤解讀我可以算了，不過我覺得身為一個職業球員，不該批評總教練的訓練方式，比方說我安排練習是整個早上都在跑步，這是一個選手不容置喙的。每個總教練都

有自己的一套訓練方式，可以就待、不行就離開，不能說都要照球員想要的方式去訓練，難道要讓選手自己整理一個訓練表，大家都照這個方式去練嗎？那還要教練做什麼？

如果總教練不想承擔被選手討厭，總想著要討好他們，平常和球員走太近，感情太好，一定會有太多私人因素在裡面，就會影響到用人的判斷。棒球場上瞬息萬變，有時候一個遲疑就豬羊變色，總教練和球員太好，可能會顧慮球員的心情，會想著「我現在換他，會不會太不給面子？」這一猶豫，時間就過了、戰局就變了，要換也來不及，再後悔也沒用，所以一定要當機立斷，該換就要換。還有一個問題就是，假如今天總教練和球員很麻吉，讓球員死心塌地為他打球，也不見得是好事。這反而會增加這個球員的負擔，他每一次上場，都一心一意想要為總教練打下什麼，他就不能享受比賽，不能平常心去面對，這是最不好的狀態，一遇到狀況就會綁手綁腳。

所以總教練和選手可以有互動，但最好要保持一定的距離，才能讓彼此都能專心做好自己分內該做的事。真的沒必要去討好選手，歷史上，有哪個總教練辭職，有球員會跟著辭的？

人難免有喜好，我沒辦法讓大家都喜歡我，我也不可能喜歡每個人，可是我做事很公正，不會有私心。我不會因為我的偏好，來決定怎麼用人，我的原則是，明明你對球隊很有幫助，我再怎麼討厭你，我還是會用你；同樣的，就算我很喜歡你，你明明實力不行，很抱歉，我再怎麼喜歡你也不會派你下去。私底下，可能會喜歡跟你聊天，但是在球場上，我不會有這層考量。除非兩個人都差不多，我才會選擇我喜歡的，但是這種時候非常少。

所以我和選手沒有很親近，這個我承認，尤其是越大牌的，跟我越不親，因為我不會因為你大牌就不念你，我照念。有些大牌球員若是受傷不能比賽，又不願意下二軍，因為待在一軍有面子，而且環境比較好，但我是不管多大牌、多資深，只要不行就下二軍。還有人會要求要去有冷氣的練習場打，不願意去外面打，我也說不行，應該一視同仁，大家都要輪流到外面打，這是一個團隊，要公平。而且二軍的存在就是為了調整戰力，有時候在狀況不好時去一下二軍，真的是為了幫助選手釋放壓力，多休息再出發，但只要我下放的是大牌、有經驗的選手，就被說成是在冰他。

有些大牌的選手比較會有自己的意識，和我的抵抗就會多，媒體又很喜歡報導這種我

和選手不合的事情，越大牌傳越快。其實有時候我很想跟這種大牌選手說，「你出了社會，球衣脫了其實就什麼都不是。」這種新聞有賣點，大牌選手又很受球迷愛戴，所以很常有我冰選手的傳聞，但事實上就只是因為他有傷，或是表現不好，我比賽時從不考慮選手的名氣，過去的成績怎樣，或是怕輿論攻擊我。我只評估當下誰的實力好，這支球隊需要怎樣的戰力可以贏，明明就打不好，我為什麼要一直用？選手表現差，公司問我有什麼意見，我都說不管怎麼樣，可以用我還是盡量用，但是公司因為他成績不好，就想要把他下放二軍，我當然也只能接受。如果你表現很好，我不管和你關係怎樣，媒體怎麼報導，我還是會用你。但是不管我選擇盡量用，或是照公司意思把他放二軍，最後帳都還是算到總教練頭上，既然「用」或「冰」都要承擔責任，而我都盡量用了，結果戰績還是不好，我當然是選擇把人放二軍，我就是這麼務實。

不只是媒體和球迷，每個球隊都會有幾位受學弟崇拜的學長，如果我因為戰績考量沒有用這個選手，其他選手會因為擁戴他而討厭我，但是我決定不用他，球隊最後因此拿了冠軍，其他選手也不會因為有了成績而理解我的決定，過程中還是會一直罵我，但享受成果的也是他們。這就是總教練的宿命，但為了成績也只能去忍受。

用太少要被罵，用太多也要被罵。

很多人認為我操壞選手，但是打棒球能夠投降嗎？每天都要比賽，登錄的選手就這麼多，彈力球時期，每個投手都被打那麼多，我能在五局落後八分的時候，跟裁判說，「後面四局，我認輸，不打了」嗎？不行嘛！還是要有投手下去消化，那要怎麼辦？用二軍的，如果再一直輸下去，球迷受得了嗎？我又不是上帝，我能分配好球員上場機會，又能贏球，大家都滿意，一百分，我也很想，但就是不可能。

不求現在喜歡我，但願將來感謝我

能力越好的人，當然就會需要多擔一點責任，出場數多，表示他就是這麼有實力、這麼重要，當球隊有重要的比賽，很需要贏球，一定是派最好的，我真的不會操過頭，操壞

了對球隊整體戰力也沒有好處。每個人身體強度不一樣，用一百球來限制不同的人不準確，有的人可以投超過一百球也沒有問題，有的人投六十球就不行了，美國會制定這種制度是因為大聯盟人才多，分工很細，有先發、長中繼、短中繼、救援，當然可以盡量保護選手。

結果現在所有人都被這個投球數催眠，比方第六局下來，投手教練去問選手還可不可以續投，投手就會問教練他投幾球了，假設是一百零五球，潛意識就會覺得自己不行了；如果跟他說八十五球，他就覺得自己還可以，變成是在用球數判斷，而不是自己的身體狀況去決定。

台灣現在整體的觀念很重視保護選手，尤其是好不容易出現厲害的投手，就會變成過度保護，都不敢讓他投太多，反而限制了他的成長。日、韓的青棒教練都會讓好投手一直投，那是一種篩選機制，在學生時期有很多機會在賽場上實戰演練，可以進到職棒代表他就是最好的，如果真的因為投太多而受傷，那代表他的身體素質不夠好。

我不選擇帶心，但我很重視要了解每個球員的心，人的個性百百款，所以仔細觀察非常重要。

有的球員需要把他拉住，他就是拚命往前衝不會停止，那他會受傷；有些球員是會推托，老是會說自己哪裡不舒服。有的人說他疼痛只有一分，就要想其實可能是三分、五分，因為他本來就是一個忍受力很強的人，不注意他很快就會掛了，明明不行還會硬要上去，球隊還得承擔輸球的風險；有的人疼痛兩分，會說他有七分，運動要作假是很容易的，隊醫一來就會說真的很痛，別人問他怎麼不投，他就藉故說他可以但是隊醫說他不行，這樣球隊也要承擔少一個人可以用的問題。所以平常就要觀察他們的個性，要能夠分辨他受傷的程度，比賽時才知道要怎麼用人。一般觀眾只會看數據，當然數據很重要，可是總教練還要看的是技術以外的心理素質，他是真的行還是真的不行，緊要關頭這個選手有沒有辦法去面對。

總而言之，我也很想帶人又帶心，和球員們關係好，分配上場機會讓每個人都滿意，同時還可以顧全戰績，成績好又帶到心，誰不想成為這樣的總教練？但我自認沒有辦法的時候，必須做取捨，我是要贏球，還是要贏得人心？我就會告訴自己，公司請我來就是要

成績，所以當然選擇成績導向，帶心的部分就也只能盡力而為，戰績才是最重要的。

當然有時候也會事與願違，成績沒達到，大家就找到機會可以說，「你就是沒有帶心，所以沒辦法贏球。」，但是同樣的，大家也沒有辦法證明，帶心就能帶來成績。既然勝敗論英雄，我就把歷史攤開來看，雖然不是百分之百，只是我個人的經驗看來，總教練和球員關係太好的球隊，通常成績都不會太好，但是很多成績好的球隊，教練通常都很嚴格，選手都有點討厭他，所以我當然還是選擇比較有把握能讓成績好的方式去帶兵。

我覺得一般職場也是這樣，一個主管只要不是為自己好的嚴格，而是為公司好的嚴格，縱使因此讓屬下不喜歡也沒有關係。因為不喜歡和把事做好是兩個層面的事情，不喜歡但是怕被念，做事情就會專注；做不好但是主管給面子，說「沒關係，下次加油」，讓下屬養成習慣，總是想著做不好反正還有下一次，就會少了那一點點台語說的「頂真（ting-tsin）」。

比賽是沒辦法回頭的，練習時沒有做好可以重來，但比賽失誤就失誤了。所以平常練習時就要訓練選手專注，就是要不厭其煩地要求，讓他不想再被念、被罵，自然就會專注。

很多觀念是很難灌輸進去的，所以我常提醒教練團，「我們當教練就是要囉嗦」。像現在帶十八、十九歲的年輕球員，眼睛都是直直盯著我，正經八百很認真在聽，一直點頭。但是轉個身回到休息室，又在那邊嘻嘻哈哈，一下就忘記了。一定要慢慢觀察他們是真的懂還是沒有，不懂就要不厭其煩一直跟他們說。

我都會跟教練團說，「我們不必想要現在討好選手，要嚴格對待他們，尤其是年輕的選手。他們會慢慢長大，二十歲和四十歲的想法一定不一樣，我們要他到四十歲的時候來感謝我們，不要在他們二十歲的時候來喜歡我們。」年輕難免愛玩，不管他們，他們當然會很高興，覺得教練人好好。如果抽菸、嚼檳榔什麼都不可以，都給他們導正，他們現在或許會懼怕，在心裡罵教練，什麼都要管沒有自由，但是等到他們三十、四十歲了，去回想這個過程，就會想說好在教練有幫我們阻擋很多不好的習慣，讓我們現在有一個好的生活品質。我是覺得這樣比較對，所以雖然球員的私生活我可以不用管，但是我覺得有很多該導正的還是要導正他們。

後來我才知道王貞治曾經在某場演講時，也說過類似的話，他說，「如果你是深受選

手喜愛的教練，那你可能不是一位好教練。」他認為一個真正好的教練，不會因為選手的反彈而妥協，還是會堅持要求選手，所以通常這種教練會被選手討厭。他覺得如果當時對選手很好，二十年後對方或許會誇獎自己人很好，但也不太會記得曾被教導過什麼；可是當時有嚴格要求，二十年後這位選手可能會說，「要不是當年被教練逼，應該沒有現在這樣的成績。」

我常常講，「有老王嫌老王，沒老王想老王」，我來帶台鋼雄鷹隊以後，會跟不同隊比賽，幾乎每一隊都有我帶過的球員，一到球場就會跑過來找我聊天。裡面也是有以前會抱怨我的選手，在有了比較之後，會講現在的球隊有什麼樣不對的事情，我也只是聽，我在這個職位當太久了，不是年輕小夥子，不會因為他們誇我而跟著說別人的不是，反而我會糾正，所以他們還是被我好好念了一頓。我都會跟他們說，「當球員就單純好好打球就好，不要老是對這個不滿、對那個不滿，這個也要批評、那個也要批評。年紀越大就應該越能換位思考，你們將來都可能會當教練，就會知道教練的難處在哪裡了。」

每次他們說「以前洪總都不是這樣做」，旁邊的教練聽到就會笑說，「奇怪，以前他也是會講洪總怎樣怎樣，以前是缺點，現在怎麼都變優點了？」我就跟教練團說，這些就是印證了我的理論。而且從歷史來看，通常嚴格的教練才會生存下來，這也是我在森下正夫教練身上的體會，他以前在帶我們的時候就說過，「每次都是球隊戰績差，才會找我來。」他就是很嚴格，日本選手都叫森下是「鬼」。

現在我都跟台鋼這些年輕選手說，不要覺得遇到這些嚴格的教練很倒楣，要覺得很幸運，「嫌貨才是買貨人」，不然教練們是瘋子嗎？花那麼多時間、力氣去管你幹嘛？在職場上，遇到一個比較嚴格的老闆，要慶幸；遇到一個好的老闆，也不要太高興。苦和不苦都會養成慣性，一開始可能覺得很苦，習慣了後就會覺得沒什麼，很自然。運動就是這樣，比方早上六點起床晨跑，一開始一定很痛苦，每次都要逼自己爬起來，三個月之後，六點鬧鐘還沒叫就起床了，不出去跑就全身不舒服，那就變成定律不是壓力，不做反而不輕鬆。所以一開始進入職場就遇到一個嚴格的老闆，等習慣了以後，做什麼事情都輕鬆自如。人就是這樣，要鬆很容易，要緊很困難，鬆習慣了稍微緊一點就受不了，很緊的稍微鬆一下，會覺得很感激。

學長好，教練團合，球隊就會強

紀律必須用嚴格來塑造，但是一支職業隊伍，不像三級運動，可以靠總教練嚴格就能改造的，需要時間、和許多人事物配合。通常老的選手習慣已養成，很難教；年輕球員比較受教，但又比較不會去認真思考，比較不會看是非，相挺就夠了，都是要到成熟時才會有所領悟。再好的選手進到一個不好的文化，也會很容易被影響，同樣的，再壞的選手也會被好的文化感染，「近朱者赤，近墨者黑」。棒球圈很封閉，學長學弟制很濃厚，就會形成一個圈圈相互影響。

其實多數選手人都不壞，自己鬥志也很好，就是很容易因為要講義氣，而不分是非。我知道，誰沒有年輕過？我也有過這種時期，年紀增長自然就比較會想了，但我帶一支球隊，沒有時間等每個人都成熟。所以我通常在年輕選手進來時，會盡量去教他們一些我認為正確的觀念，因為這個球隊的型態形成了，後來進來的選手就不會差太多，總之就是需要花上幾年的時間，把整體氛圍改過來。

因為年輕人會想詢求同儕的認同，同儕間的影響力絕對比教練大，有好的學長當榜樣，這支球隊才會好。比方教練要求什麼，要是旁邊的學長說，「唉呀！這樣做也不會比較好。」學弟就會覺得，「對啊，教練怎麼這樣？」。Lamigo 桃猿隊當初為什麼會強，就是因為前面那幾個學長不會這樣去影響學弟，像桃猿隊的林泓育現在賽後都會跟大家講話凝聚一下，這就是從以前就承襲下來的習慣。如果一開始這些學長就是很正面的，那個風氣就會自然而然被引導到好的方向。所以一支球隊的隊長雖然是個虛位，但對球隊文化的建立，很有實質的重要意義。

一個好的隊長是要能做教練和球員之間的橋樑，如果太站在球員那邊，反而會製造更大的裂痕，力量越來越分散不集中。隊長要多鼓勵選手，有什麼事情不是私下和選手講，形成小圈圈抵抗，而是來跟教練團反應，討論可以怎麼做。愛學弟不是什麼都順著他，為選手出頭，那不叫愛，那是溺愛，反而會害他不知改進，養成不好的習慣。

球員之間如果有競爭，那這支球隊一定會強，只要不是踩著別人的屍體往上爬，就算

是故意做給教練看，我都覺得ＯＫ，有人會酸別人「你都專門做給教練看」，我就會說：「辛苦練球不練給教練看，教練怎麼會知道，怎麼會用你？」只要不害人就好，不要在教練耳邊說別人私生活的不是，或是自己不練，拉著別人也不要練，那才不好。

有時候競爭還比自以為的相挺好，有一種義氣我最不喜歡，那就是故意丟觸身球。

美國的球風是很剽悍的，所以會有這種威嚇的動作，文化背景不同，而且他們選手多，比較禁得起這樣，像在日本就很少有這種事，反正這個文化本來就不好，對看棒球的孩子也不是好的示範。台灣球隊不多，球員其實都熟識，大家這樣互相傷害，對球隊、球員、球迷都不是好事。不要以為人家是吃素的，你丟對方，等下對方再丟你的隊友，害到的還是自己，沒有任何好處，因為一時氣憤，而犧牲隊友這樣對嗎？最重要的是現在投手球速都越來越快，那個丟過來很可能造成選手受傷，甚至運動生命都斷了。用實力去贏得比賽比較重要，不必這樣逞兇鬥狠，那個不叫團結一心，那叫自私。只想到自己這樣很帥，讓隊友危險，讓球隊輸球也沒關係。職業運動不是戰爭，不用為一個人賣命，只要盡好自己的本分，球隊就會好。

互相傷害真的很不好，但偏偏球迷愛看，媒體也喜歡報。我很討厭這種什麼潛規則，還有像是贏了多少分，就不可以盜壘這種不成文規定也是很奇怪，到底是誰訂的？為什麼不可以？棒球這種東西，就算領先很多分，很可能一局就被灌爆反超前，下戰術不是污辱對方，反而是表示尊重對方，相信對方是有能力追回來的。有經驗的總教練，到了一定的分數和把握，自然就不會做，如果他做了，就表示他覺得不保險，還是有可能被打回來。球隊帶久了，常常看到贏了很多分結果被翻盤，所以就會怕，真的沒必去限制這種事。總之要贏就正正當當的打，能打幾分就是幾分，覺得不公平就是照規定去抗爭，用實力去討回來。

我不鼓勵因為這種所謂的潛規則而有的行為，所以假如我感受到可能會發生，或是選手跟我說他想要用這個方式反擊回去，我會盡可能制止，但有時候球員就覺得總教練沒有站在他們這邊，就是不帶心。但對我來說那不是棒球文化，而是陋習，所以要因此覺得我沒有帶心那就這樣吧。

我從進入棒球這個領域以來，就一直會居於領導的地位，當選手時都當隊長，不當隊

長也是因為捕手的身分在管理球隊，然後又當教練，但我有時候照鏡子，想說這個人沒有那個感覺啊，說我是很兇的總教練，我這張娃娃臉怎麼兇得起來？可能我只是要求比較嚴格而已，而且我只有對球員有要求，我對球團的員工都是客客氣氣的，所以討厭我的大概都是選手。我對教練團也是很尊重，我不是一個愛掌權的人，所以都盡量放手給他們。

教練團要怎麼訓練選手，我通常不會管太多，我又沒有那麼厲害，可以教打擊、又能教守備、還可以教投手？棒球本來就分工要細，只是到時候比賽，是由我來統籌運作，教練團把球員訓練好，讓我用。比賽前要派什麼先發投手、野手怎麼安排和先發打序，我也都會和投教、打教還有內外野教練們討論，都是由他們安排，我再看一看有沒有問題，我都是信任他們，但如果失敗了，責任就是我來承擔，我也不會去怪他們。

總教練不要什麼事都親力親為，有一點距離才看得比較清楚。我到一個新球隊，我會先觀察，盡量先交給教練團去做，教練都很有經驗也不一定會比我差。遠遠地看會比較清楚，不要一進去就要涉入很多，什麼都要管，滿肚子抱負，不必急，站在旁邊看，想做什麼慢慢加進去，我頂多會說今天訓練量有點不夠，可以再加一些些，或是這些做完要不要試什麼新方法這樣。也要看球隊的屬性，比方 La New 熊是既有的球隊，訓練以整體實戰的演練為主；台鋼雄鷹是全新球隊，基本功練扎實和培養應付長期賽制的體力，比團隊訓練更為重要。

我對於教練的選擇，對我來說沒有誰特別會教，沒有一個教練敢說自己可以把只能投球速一百三十公里的投手，教到球速可以投一百五十公里，或是打擊率三成教到變四成的，真有那麼神，那就去大聯盟當教練，或是開訓練補習班就好了，一定可以賺大錢的。我認為，願意把時間花在球場上、能夠陪著球員成長的教練，就是最會教的人。對於球團要給我什麼教練，我通常都會同意，除非真的很明確覺得不好，我就會說沒關係，現在暫時還不需要，久了球團也都和我有默契了。

在我手裡，我從來沒有和公司提出換過一個教練，我的觀念是，大家都為了一口飯吃，所以我不會去請人走；我也不會帶人走，我不會為了要帶自己的人，硬要讓別人走，我沒有做過一次這樣的事，雖然球團會尊重我的意見，但所有教練的來去，都不是因為我的關係。今天只要有教練願意跟我，我在能力範圍就盡量照顧他們，不會把他們換掉，不過教

練團也要有心理準備，我是很會念的人，跟我的一天，就要一直聽我念。

我的個性很急，我平常練習時會保持風度，都不太會講什麼，但是一比賽下去，我嘴巴就不行了。所以開訓前，我都會集合大家先道歉，「不好意思，比賽要開始了，我在這裡先跟你們說對不起，假如比賽時我會碎碎念，對你們有比較過分的地方，希望你們體諒，我有我的壓力。」這樣開打後有看不過去的地方，我馬上就會開口指正。（反正我有先打預防針了，哈哈！）

在 Lamigo 桃猿隊時期，教練團就很像一個大家庭，我只要一泡茶，所有教練就會過來，大家聊天喝茶，自然就會聊到一些球隊的事，各自聊一些負責選手的情況，很自然地就可以把事情解決。我很能接納別人說的意見，不會很固執。當一個總教練要有權威，做一個公正的仲裁者，久了各教練之間就會融洽。以前教練偶爾會為了各自球員爭取薪資獎金分配，會有一點意見，我就會幫他們和球團商量，很快就能化解了。

雖然我和教練團關係都不錯，但我自己重視家庭，所以我也很尊重教練的私生活，當他們離開球場，就不會接到我電話了。我也不希望教練團和選手太公私不分，因為教練團合，球員就好帶。如果教練一心都只想袒護選手，無法和總教練做理性溝通，整體紀律就會散掉。日本前羅德隊監督伊東勤曾說過，教練如果要和選手吃飯，是要和總教練報備的，比方這個選手有狀況，教練要去開導他，教練要跟總教練說，不然對他們來說，你們私下有交流，就有可能是選手要賄賂教練，那個教練是要被換掉的，他們就是很注重教練團的團結。

如果一支球隊裡有經驗的學長、球隊的隊長，以及教練團成員，都能理解總教練嚴格的用意，理性看待總教練的求好心切，相信為球隊打拚，其實就是為自己打拚，這樣的球隊，就會強大。即使總教練因此無法被大家打從心底喜歡，也沒有關係，只要能贏球就好。我相信能夠帶人的總教練，才是盡責的總教練，至於帶心，也只能盡力而為了。（我只能偶爾拿出我的看家本領，就是跳跳舞娛樂大家一下，展現我親民的一面吧！）

◆總教練需要了解球員的性格，要不要討好又是一回事，如果這件事該講，但講了他一定會很不爽，我還是會講，因為公司請我來，不是來和球員交朋友的。

◆總教練和選手感情太好，會影響到用人的判斷，棒球場上瞬息萬變，有時候總教練為了顧慮選手心情而遲疑，可能戰局就變了。

◆選手太想為總教練打球，會增加心裡負擔，不能平常心去面對，一遇到狀況就會綁手綁腳。

◆總教練和選手可以有互動，但最好要保持一定的距離，才能讓彼此都能專心做好自己分內該做的事。

◆我不會因為我的偏好，來決定怎麼用人，對球隊有幫助，我討厭你還是會用你；實力不行，我喜歡你也不會用你。

◆不管多大牌、多資深，只要不行就下二軍，練球沒有特權，應該一視同仁，這是一個團隊，要公平。

◆能力越好的人，就會需要多擔一點責任，每個人身體強度不一樣，用一百球來限制不同的人不準確，有的人可以投超過一百球，有的人投六十球就不行了。

◆總教練和球員關係太好的球隊，通常成績都不會太好，成績好的球隊，教練通常都很嚴格，選手有點討厭他，那既然勝敗論英雄，我當然選擇比較有把握能讓成績好的方式去帶兵。

◆同儕間的影響力絕對比教練大，有好的學長去學習，這支球隊才會好，如果一開始學長就是很正面的，風氣就會自然而然被引導到好的方向。

◆好的隊長是要能做教練和球員之間的橋樑，如果太站在球員那邊，反而製造更大的裂痕。愛學弟不是什麼都順著他，那不叫愛是溺愛，反而會害他不知改進，養成不好的習慣。

◆球員之間如果有競爭，那這支球隊一定會強。

◆棒球本來就分工要細，教練團把球員訓練好，到比賽時由我來統籌運作，我都是信

任他們，如果失敗了，責任就是我來承擔，我也不會去怪他們。

◆ 總教練不要什麼事都親力親為，保持一點距離看才比較清楚。

◆ 願意把時間花在球場上、陪著球員成長的教練，就是最會教的人。

◆ 大家都為了一口飯吃，我不會去請人走，也不會帶人走，只要有教練願意跟我，我在能力範圍就盡量照顧他們。

◆ 總教練要有權威，做一個公正的仲裁者，各教練之間就會融洽，球練團合，球員就好帶。

3-4

給台灣棒球的真心話

得冠軍，拿金牌，國手真好玩

天亮了，少年阿中興奮地整夜沒睡，今天，終於可以一圓兒時夢，還能解開深藏在心中許久的謎團。

小時候，阿中就好羨慕那些出國拿金牌回來的選手，站在吉普車上遊行好神氣，所以才加入了少棒隊，結果訓練日子苦不堪言，也沒有選上國手，本來差點要放棄了，幸好被爸爸抓進美和中學，終於在國三的時候入選國手，可以出國比賽了！

開心歸開心，但對生長在鄰里間都沒人出過國、一個鄉下小孩的阿中來說，腦海裡一直不太敢相信真有這回事，他有一個疑問，覺得「出國」會不會是騙人的？是不是國家把那一整隊的人帶到一個地方去，藏起來一段時間以後再回來，然後說他們到了哪個國家去比賽拿了冠軍回來。在他的小小世界裡，實在沒有辦法想像坐飛機，到另一個地方去比賽，除了台灣，還有哪裡有國家？

今天就是要出國的日子了，終於可以知道這件事是不是真的了！出國前政府還派人來做身家調查，而且因為是整個里的大事，里長還送給爸爸一個大布條，這件事應該真的假不了。就算是假的，被藏起來一段時間不用練球，回來還可以神神氣氣，應該也是滿好的。

行程第一站是去關島參加遠東區的比賽，打贏就可以再到美國的芝加哥去比世界盃。飛機起飛，看到自己真的離開地表，房屋越來越小，真實感就越來越大。在機上什麼事都很新鮮，有空中小姐會送東西來吃吃喝喝，又充滿奇幻感。全程數小時的時間都興奮極了，一下子就落地「出國」了！走出機場，感覺什麼東西都很大，車子大，飯店也很大，連水果都大，又看到好多高大的外國人，奇妙的感覺也被放大了。

中華隊實力很強，輕輕鬆鬆就打敗關島贏了資格賽，馬上就要前進傳說中的美國。不過去美國，有一件比比賽更讓阿中緊張的事，就是聽說會有恐怖的台獨分子。

那時候還是戒嚴時期，之前來身家調查的人就一直跟阿中說，美國那邊有一些台獨分子會綁架他們，要小心，碰到這些人千萬不要和他們交談。關島的華僑沒那麼多，

所以感受不到，但是到了芝加哥，阿中真的就看到這種壁壘分明的場面了。

比賽現場有兩股勢力在為自己加油，一邊是喊「中華民國加油」，一邊是喊「台灣加油」，喊台灣加油的都講台語，而且是坐在敵隊的觀眾席，不是坐在球隊這邊。國防部又派了一個隨隊祕書跟著球隊，不斷警告大家，不要接近喊「台灣加油」的那一方，所以每個人都被講到真的會怕。比賽場地是給學生用的簡易型球場，廁所在球場外，所以阿中和隊友想上廁所的時候，還要跟警察報備，由警察帶他們去，上完再帶他們回來。

就這樣場內、場外都緊張兮兮的情形下，阿中做為當家捕手的中華隊完成了數場賽事，雖然第一場就輸給美西，但後來連勝四場敗部復活，最後再以十四比五大勝美西，中華青少棒完成五連霸，真的是要「得冠軍、拿金牌，光榮返回來」了。

回台灣搭吉普車遊街前，還可以先去世界各地觀光旅遊。其實到芝加哥的小鎮比賽之前，就先飛到洛杉磯住了幾天，主要是適應時差，還有集訓練球，但休息時間，國家代表也帶球隊去了迪士尼玩。芝加哥的比賽結束後，先是飛到華盛頓，參訪僑胞

一、兩天，然後又飛到夏威夷玩了五天，準備等參加青棒比賽的球隊一起回台灣，到日本轉機時又再在日本玩幾天。阿中出國玩了快一整個月，充分享受國手為國爭光應有的待遇，從小到大辛苦練球都值得了，非常開心。旅程中還有安排球隊到百貨公司或大型賣場採購，阿中和每個隊友的手裡，都握著一張採購清單，全是親戚朋友託買的東西，有洗髮精、香皂、牙膏……等各式各樣外國貨，還要去唐人街買雲南白藥、人蔘等藥品。阿中照著那個清單找，花了很多時間，都在買別人的東西，自己什麼都沒買。那時候每個人只能帶一千五百元左右的美金，父親在阿中出國前還先去借錢給他帶去，又很怕他弄丟，特別去買了有拉鍊暗袋的皮帶給他穿在身上。

把所有親友所託的戰利品收入行李箱，提起來重得要命，但對阿中而言這真是甜蜜的負擔，當上國手真是太好玩了！當時的他，完全不知道未來的自己，將為「國手」這兩個字，承擔多大的重擔。

職棒要三多，球隊多、洋將多、好球場多

台灣的職棒產業要走向成熟，我覺得球團老闆們一定要有一個觀念，不要一直想著經營球團就是賠錢，要想著這只是在花錢。花錢是一種投資，好好經營一定會有回收，如果每個老闆都能這樣想，那這個產業一定很有前景。因為我常常在講職棒成功有三大要素，那就是球隊要多，洋將也要多，還有球場要好，這些是只要老闆願意投資，就做得到的事。前兩個要素是為了讓球賽好看，最後一項是要讓球迷願意走進球場來。

台灣的職棒過去有一個很奇怪的現象，資本最小的球隊，偏偏就是拿最多冠軍的球隊，不用太多錢反而可以拿冠軍，這會讓資本大的球隊不想投入太多資金，就當賠點錢養球隊做做形象，市場就越來越緊縮，最後資本小的繼續苦撐到不行再轉賣，所以整個市場一直做不起來。幸好這個現象慢慢被現實汰換掉了，現在終於六隊都是資本大的球團，其實大球團花少少的錢，反而會有一種覺得這根本只是小孩子在玩的市場，就沒興趣不想玩了，

花越多錢，反而越覺得有挑戰性，然後投入有看到成果，就更願意投入。

以前都是讓小資本的球團做火車頭，其他球隊跟著它的模式跑，火車身自然就不會超過它，要不然就乾脆不要坐火車，光是騎摩托車都可以超越它，那市場當然就會越來越小。一定要用別的方式才可以擴大市場，但以前不敢這樣做，因為資本最小的兄弟球迷偏偏是最多，其他球團會怕超過它，它就不玩了，其實不會有這種事，市場大起來，兄弟怎麼會不玩？就算兄弟真的不玩了，球迷就會流到別隊去，只要認真經營，不用怕別人不玩。

職業球團要好，一直易主才會壯大，這個公司經營不下去就自然淘汰，一定是體質比它更好的才會來接，不可能是更小的公司來接。像是日本職棒的軟銀隊，最前身經營者南海就是小公司，後來換成大榮就更大，到了軟銀就超級有錢，越換越大，軟銀就是花最多錢，冠軍最多的球隊。日本就是這樣一直易主汰換，形成現在這樣的形態，由大大小小的球隊組成，變成類似美國大聯盟百花齊放的樣子。美、日都是兩個聯盟，大小市場球隊都有，花多錢的球隊比較常拿冠軍，小市場球隊偶爾也會拿個冠軍，才是對的狀態。像是洋基、道奇就是常勝軍，投資就越多，小市場的運動家偶爾出頭一次，棒球難以預料，就是

有可能實力差的球隊贏全隊都是大明星的球隊，很有戲劇性，這樣大家都會想玩。

雖然台灣現在已經有六隊了，但我覺得還可以再更多，比方說，為什麼東部不能成立一支球隊？小球隊最高薪的球員月薪只要四十萬元，大球隊的最高月薪一百萬元，但是大球隊還是要跟小球隊比賽，互相拉抬一起成長。小球隊前幾年不用太注重成績，以培養選手為主，當隊伍變多，選手的市場就會比較活絡，對戰組合有變化，球賽多樣，球迷看得會比較刺激，比較有新聞性。有人會說球隊多會沒選手，怎麼可能？組了球隊，練就有了。看看味全，成軍第二年就打進季後賽，不用擔心沒有選手這種事，職業球隊多了，三級棒球就會跟著起來。

球隊變多，台灣人才就更多，想要把球賽弄得更精彩，就是洋將人數要更開放。其實台灣職棒剛開始很熱的時候，球團老闆提供給洋將的薪資都不錯，能請到的洋將水準都很高，我們自己投打的實力也都不差，想在台灣這個環境生存下來，不是那麼容易的事。但是後來經過太多次簽賭案傷害，聯盟存續都風雨飄搖了，後來會有那種以前在中職常被打爆的投手，老了再回鍋，實力下滑了還能回來，表示台灣職棒有很長一段時間都沒進步，好洋將都一直往韓國、日本去。現在球團都更願意提供優渥的薪資了，聯盟如果再開放一些，比方四個洋將有三個可以在場上，整體實力才會往更好的方向去進步。而且洋將的存在，不只是帶來技術層面的提升，還有心態。多數洋將都知道要怎麼自我訓練，因為洋將是實力導向，不好換掉就好，所以不太需要特別訓練。尤其是有待過大聯盟體系的球員自主性都很高，就算是休假，他一樣會到球場練球，都不需要教，打過越高層級的越自動，有這樣的洋將在隊中一起競爭，隊友就更有動力要求自己。

台灣的職棒因為草創時期就訂了很多遊戲規則，比較沒辦法像美國大聯盟那樣千變萬化，看到別隊選手打得好，就想把他買過來，這個是不行的；像是我們那時候大學讀完再加當兵，進到職棒都二十四歲了，九年才成為自由球員，都三十三歲了誰還要買？

不過以後會慢慢好一點，因為現在開放高中畢業進來了，十八歲進來，九年後二十七歲正成熟，正值顛峰可以再拿一張大約，所以可能要再等兩、三年，台灣的職棒的人才市場就會比較活絡，如果再開放洋將，那就會更有競爭、更有變化。

球賽變好看，球迷當然就會想看，可是光是球賽好看沒有用，如果球場不更新，那球

迷就不會願意進場。喜歡喝咖啡的人，不會天天去咖啡館，人是喜歡咖啡館整體的氛圍，如果真的是很喜歡喝咖啡本身，那應該是去買好的咖啡豆，自己在家裡沖就好了，去咖啡館是喜歡環境舒適，可以和朋友聊天，或是享受那個寧靜，一個人在那邊看書、休息、工作什麼的。所以喜歡棒球，在家裡看電視轉播就好了，會去現場，也是因為喜歡球場氛圍，如果球場設施不好，就頂多一星期或一個月去一次。

把球場弄好球迷才會更常來，變成生活的一部分。台灣太小，屬地的分野沒那麼清楚，比較做不起來，但我認為還是應該要做，因為只有當地的球迷平常日比較會來，還有城市間的對抗，會讓球迷更有興趣。Lamigo 桃猿隊從成軍以來一直很努力在經營桃園，弄出全猿主場，這對球隊和城市都很有利，滿場都是自己家的球迷，球員就覺得自己像明星一樣，無形中提升比賽的自信心，有主場優勢，戰績就會好。一個城市的職業球隊總是拿冠軍，那當地的居民就很有榮譽感，就更願意進場看球。現在的球隊剛好主場在六都，每個城市都應該和球團一起想辦法把球場達到應有的水準。

現在台灣的比賽用地，都是舊球場去改建，每一年稍微改進一點，可是台灣的看球環境實在很差，有些是很根本的問題很難改善，比方球場座向會西曬，那個熱起來真的是苦了球迷；或是休息室和本壘板的距離太近了，所以觀眾席蓋的位子也很近，界外球打過去真的超級危險，連職業球員要閃都很不好閃，何況是球迷。還好現在還會弄一些網子，但是總是這樣東補補、西補補，如果可以完全依天候條件和球迷需求，蓋新的當然是最好。現在資訊很發達，很多球迷都去看過美、日、韓職的球場，也是會比較，台灣的球場都沒有職業水準，總是一定要等到外國人來批評，才會覺得需要加強。

天時，地利，人就和

每次看國際賽就知道，其實台灣看棒球的球迷很多，但是我們一直沒有好的球賽和好的場地吸引他們進球場，希望經過更多球團老闆花錢投資後，能慢慢把這個市場弄起來。其實除了球隊多、洋將多和球場好以外，我還有很多對改善職棒環境的想法，只是這不是

單一球團願意做就可以的事，不過我真心覺得如果聯盟可以朝這些方向去改變，也許台灣職棒產業會更好。

首先，台灣其實比日本、韓國更需要巨蛋，因為氣候的關係，要不是雨會下很大，就是非常熱，我覺得職棒發展不好和這個多少也有關。

台灣常常一下雨就連著好幾天，賽事就亂掉，就算是小雨勉強可以比賽，場地濕的球迷看球也不舒服。夏天又時常有颱風，雨天打球對球員也很沒有保障，以前有好幾次，風雨明明很大，為了票房，聯盟就堅持要把比賽打完，一直重複蓋帆布再打，即使颱風現在沒登陸，但比完賽時來了怎麼辦？球隊都已經把台北的飯店都退掉了，沒有考慮到比完要在半夜冒著風雨再開巴士回高雄，完全沒有顧慮選手的安全。有一次我們要到北部比賽，也沒有因為颱風取消，只好開車北上，巴士在高速公路上開到一半，司機說沒有辦法再前進，只好停在路邊等，然後再慢慢開上去。還有一次在天母，帆布都蓋不起來，但又是遇到星期六滿場，還是堅持要打。台灣就是事情能進行就好，細節不會在意，可以用就好，抗議也不太會有用，得過且過，一定要等到真的出事了，有媒體輿論的壓力，才會願意改善。

還有台灣夏天太長，熱得要死誰要進去看？看球真的是活受罪，真的很喜歡的球迷就會週末挑一場看，平常真的太難，要賣季票那種真的是不可能。有幾次在新莊球場，我們在做打擊調整練習，我跑去坐在觀眾席上看，我都覺得悶得要死，想說球迷怎麼受得了。所以說為什麼比較熱的東南亞國家，都是室內運動發展得比較好，比方說羽毛球、桌球那些，就是因為室外運動太熱了，沒有辦法讓太多的人參與。

但是要台灣政府和球團出資蓋巨蛋真的太難，弄了三十年才終於有一個大巨蛋，如果要解決天候問題，我其實曾經提議台灣也許可以打冬季，但都沒有人要聽。比方說十月打到隔年四月，秋高氣爽，晚上看球很舒服，就算冷也比熱要好克服，多穿一點就好，而且台灣冷的時間，比熱的時間短太多，還有冬天的雨也比較少，冬天的商品還可以賣得比較高價位。而且跟國外職棒聯盟的賽季錯開，大咖的選手搞不好可以在休假時來台灣打工，像澳洲職棒那樣，台灣就有即戰力，比賽還更有看頭。

還有球迷的族群樣貌也可以做新的思考，台灣的球場動線都沒有什麼好的無障礙設施，連扶杆都是後來加上去的，因為以前蓋球場的觀念都是想吸引年輕人，但是照理說應

該多鼓勵老人家來看，多出來走動身體才會好。我常跟朋友說要多鼓勵長輩來看球，第一，他可以交朋友，心態也跟著年輕；第二，你光是跟著大家在那邊拍手跳應援舞，都是運動，不要成天窩在家裡看電視。像國外就很多球迷是老人，他們平日休閒的時間很多，消費力不見得輸人，球團不要只想鼓勵學生，應該也要鼓勵銀髮族進場。

不只是球迷觀賞用的主場，春訓球場也非常重要。台灣的訓練環境太差，每次春訓，六十幾個選手就只有一個球場怎麼夠用，目前只有中信兄弟有自己的基地，有些球隊甚至沒有長期專用的基地，老是要借過來借過去。每次我和教練團，都要絞盡腦汁把球場利用到極大化，每天練完球大家要開會討論，這個角落圍一個網子訓練投手，那個角落訓練打擊，又一個角落捕手做特訓，怎麼安排空間和時段。越擠效果就越差，因為有時候打擊會怕打到在別的角落訓練的人，跑壘要避開什麼之類的狀況，大家都會互相影響。

日本的每支球隊，不管大小市場的，都一定基本有一個主球場、一個副球場，再一個田徑場。美國就更不用說，像是亞利桑那的春訓基地，是響尾蛇隊和教士隊兩個球隊共用，他們是十三個球場，一個主球場對抗比賽用，另外就一個球隊用六個簡易球場，沒有觀眾席，但裡面的草坪也都很平坦非常漂亮。選手一到基地，就會去看公布欄，今天要訓練的項目是什麼，幾點到幾點要到哪個球場，就去哪邊開始做，每個球場頂多是六、七個人一起用，教練要專注為選手做什麼訓練，都很清楚確實。

我一直很想建議聯盟和所有球團，可以全部集中在台東春訓，只有一個球隊去不行，因為沒有球隊來做對抗練習賽，所以要去就大家一起去，甚至熱身賽都在台東打。這麼做有很多好處，第一，因為整年賽季都在西岸打了，熱身賽如果辦在東岸，西岸球迷比較有期待，想看就去台東，還可以帶動觀光，一舉數得，像美國和日本的熱身賽，就都是辦在小城市。第二，老實說台灣冬天南部空氣條件很不好，台東天氣、空氣都好，空間又大。只要蓋一個主球場，舒適漂亮，其他都蓋簡易球場就好，那其實不用花很多錢。現在的春訓場地都是用舊有的，都會有觀眾席，但其實訓練用的場地根本不需要觀眾席。

經營一個職業聯盟，不能該學習國外的不學，像是不願意投資、不結合屬地；然後不該學的全照著走，沒把自己國家的實際情況考慮進去，比方氣候、環境的影響。如果大家一起把球賽變好看，在每個城市把主場環境弄更好，選在更適合台灣的時間地點春訓和比

賽，天氣對、空氣好，球迷看球的各種條件都變棒了，人還會不進場嗎？

多做一點點，就多贏一點點

一支球隊的存亡和球團老闆有很大的關係，看老闆是看遠還是看近，如果真的想長長久久，看成百年大業，就會有耐心去建立文化，不會輕易改變。如果是今天成軍，明天就要拿冠軍，要立竿見影，就不會好好訓練培養年輕人，今天不行，明天就花錢請大咖的來，大咖的選手就會覺得他要怎樣都可以，那球隊的文化就很難建立。球隊是要需要時間經營，慢慢建立起自己的文化，才可以長久不衰，不能想著急就章，一定要拿冠軍，所以把所有厲害的人都買進來，不行就一直換總教練，一個總教練才剛要了解這間公司和這支球隊的型態就被換掉了，球員也不會尊重和在意總教練的領導，那就一直沒辦法形成一個球隊的文化。

棒球和一般公司最大不同是，一般公司是總經理比職員大，但棒球是球員比總教練大，因為技術這種東西沒有替代性，球團會認為好球員不打球隊就完蛋了，總教練可以一直換。但是以前Lamigo的劉老闆觀念就很不一樣，他曾對球員講過一句話：「我不是沒有你不行，我是沒有人不行。」意思是，這個球隊只要有球員，就可以運作，沒有非誰不可。這個說法讓球員比較不會自我膨脹，因此保持認真努力，老闆不怕輸，戰績反而就會好。老實說我剛接La New時，球隊的底子真的不行，一年一百場能贏個二十場就不簡單了，但我有感受到劉老闆是真的很有心，要把這個球隊弄起來。他常常鼓勵我說，「輸幾場球有什麼關係，只要可以比賽就好，沒有一定要一直贏的。」能像他這樣沉得住氣真的很不簡單。

劉老闆很尊重專業，只要我跟他提的，他幾乎都會說好，然後很快做到。像是陳金鋒那時候一回來，原本還在談七百萬或八百五十萬，雖然已經很大方了，但是我跟劉老闆提議，乾脆給金鋒一千萬，千萬和幾百萬聽起來就差很大，結果他二話不說就給了破台灣紀錄的千萬年薪。有這樣的老闆，我和公司有衝突的時候真的不多，真的有和老闆意見不合

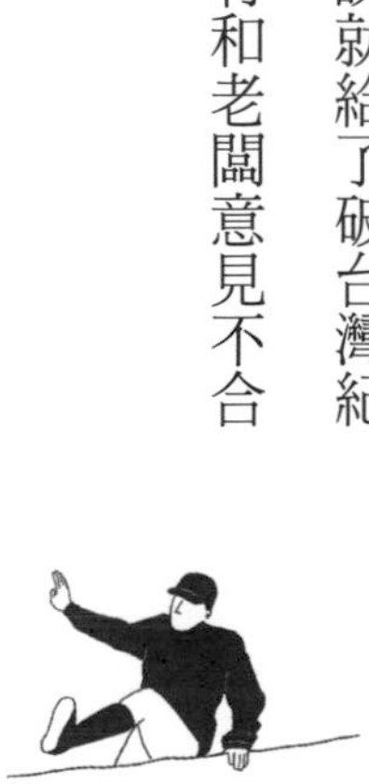

時，我通常也是選擇接受，自己慢慢調整，我不會一定要跟他說不行，一定要聽我的，久了有信任基礎後，我才會表達我的看法去溝通。

其實這和我當捕手有點關係，有些捕手主導性很強，我就不是，我認為我是一個協助的角色，再怎麼樣球還是投手在投，不能很武斷地覺得這樣做才對，應該盡量找投手的優點去引導他，讓他很舒服地配合，他想怎麼樣就順著他，讓他安心，投捕的默契就會好。在場上有想法不同時，要和他溝通，讓他知道自己為什麼要這樣做，優點是什麼，這樣他才會對捕手有信任。老闆也是，再怎麼樣球隊是他的，最後做決定的人應該是他。

劉老闆還有一個非常好的觀念，他認為職棒不是一定要在某個地方，超越別人很多很多，而是在各個環節都要贏一點點，整個加起來，也許看不出有什麼不同，但就是會比較強。他對選手的照顧不只是在薪資上，而是很多生活中的小細節，他盡量讓大家像日本的選手那樣，生活起居都被照顧得很好，球員只要專注在打球就好。像是劉老闆幫每個球員都訂製西裝，要求他們外出要穿，這不只是為球隊打造良好形象，也讓球員感覺到被尊重，很有職業球員的自信和自覺；還有光是吃的，大家都吃便當，只有桃猿隊是三餐都廚師煮，而且菜色會拍照傳給營養師，由營養師來做調整，比方營養師會說現在六月了，大家汗流比較多，要補充什麼樣的食材。雖然每隊都有穿好吃飽，為什麼桃猿隊會贏？也許就只是場下的自信延續到場上，然後營養補充得宜，體力流失沒那麼快，疲勞恢復得比較快而已，就是這一點點小地方的差異。

職棒一季打下來，第一和第二名可能勝差才兩場，但也許正是差在那兩場，就是冠軍和亞軍的差別了，所以就是一點一滴，多贏那一點點。同樣的，如果一支球隊，這個球員私生活有狀況，那個球員不認真訓練，球員都沒有大壞，但是這邊一個小問題，那邊一點小問題，就會變成整個都不好，有十分戰力卻總是只能拿出六分來打，就會輸那麼一點點。

雖然 Lamigo 桃猿隊最後還是賣掉了，但是在劉老闆身上我看到非常多很好的觀念，它最後沒能長久，真的就是台灣這個市場實在太小，小資本的公司沒辦法再負荷龐大的經營費用。我在這支球隊待了十五年，雖然只是一個總教練，但是他們在經營上的困難，多多少少我是清楚的，如果大資本的球團老闆，都能像劉老闆這樣經營球隊，那台灣職棒絕對不只是這樣。

最強的總教練都在PTT上

球迷是我們的衣食父母，當然要努力經營行銷，讓所有人都願意進場看球，可以想盡辦法照顧他們的需要，但不能被他們的需要牽著鼻子走。不過可能是台灣的職棒始終沒有完全成熟，所以從以前到現在，大家都很容易聽球迷行事，忘了自己才是專業。

職棒元年草創期，真的是什麼事都經歷過，有一次因雨取消賽事，但是回到家以後又出大太陽，球迷就在球場大鬧，聯盟實在沒辦法，不敢得罪球迷，就拜託我們回來打。可是球隊那時候打電話來時，我已經在家吃飯了，就還是乖乖回來，但有些找不到人的，就沒有回來，另外一隊也沒有回來，所以根本沒辦法比賽。結果居然就叫我們幾個有回來的球員，下場跟球迷玩，球迷就覺得很開心。我記得李文傳說他是在外面吃飯，聽到廣播才知道這件事。還有以前正瘋狂的時候，球迷都很兇，家用電話有未接來電錄音，一按下去都常有球迷打進來留言罵人，講很難聽不堪入耳的話，鬧你的、騷擾的，到最後都不太敢聽留言。

現在當然比較沒有這麼荒唐的事了，但隨著數位時代來臨，球迷轉變成另一種形式的影響。我常說「最強的總教練都在PTT上」，現在網路上有一堆鍵盤總教練，隨時隨地都可以發表他們的高見，都會造成教練和球員非常大的壓力。但其實球迷怎麼樣講、怎麼罵，只要不是像以前那樣打來家裡鬧的程度，我都接受。球迷花錢來看球，每個人也都有發表意見的權利，他們不懂，要怎麼講都可以，頂多是不要聽、不要理會，而且球迷的參與其實也是棒球文化的一部分，有時候還能帶來正向的改變。

棒球之所以好看，就是因為難以預測，棒球的日文叫「野球」，它就是有一種原始的味道，沒有標準答案，所以會有很多可以爭論的東西。比方說，光是好壞球的判別，美國職棒都走了一百多年了，還是存在著一些爭論，可是完全靠科技，棒球的原味就會跑掉。現在已經有電視輔助判決，裁判的判決也越來越精準公正了，但是只有好壞球還不能挑戰，這就是棒球的一環，肉眼判定本來就很困難，好壞球有時候只差不到一顆球的距離，球迷在電視上是因為有那個框可以看，就會覺得很不準，但其實在現場那幾秒的時間，真

的是很難做到精確，所以只要裁判是對兩邊都是公正的，不管判得如何，我就可以接受。美國雖然一直在想辦法推行用機器判定，到最後還是只有在小職盟實施，因為用電眼下去判定，老實講，棒球的味道就少很多了。當然球迷會有爭論沒關係，爭論也能幫助裁判的水準提升。

球迷這種正向的影響很好，可是多數時候是外行領導內行，我對不懂的人不在意，但我很不能接受懂的人也用球迷的意見來做判斷。我可以想像當球隊戰績不好，領隊、教練都會去看網路，因為自己也已經輸到拿不定主意了，無形之中就會被引導，被球迷牽著鼻子走，今天這個選手一直被罵，明天就不換他上場，但其實這樣會掠龜走鱉，整個就亂掉了。場上一有不對，球迷一罵，就換選手，原本這個人可能再幾場就可以恢復水準，但是他已經被換下去二軍了。原本季初開訓時，總教練認為最好的陣容，換來換去變得最後全都不在場上。

不能被球迷引導，他們是不會有耐心的，一場不好就開始罵了，所以不要去看那些，要堅持自己的判斷，因為球員在春訓時的狀態，誰好誰壞，就是總教練最清楚，球迷怎麼會比自己了解，球迷眼中只能看現在的結果。誰都不想被球迷罵，但如果照球迷的意思走，沒有贏球，他們還是會罵，所以何必因為怕被罵而左右自己的判斷。

我自己家裡就有一個很會罵的球迷——我的小女兒，經常質疑我的調度，沒有在客氣的。像是她會說：「你昨天換這個人上來代打，我就知道完蛋了，比賽結束了。」有時候我們一起看別人的比賽，她也是會一直評論，比方換了一個狀況差的投手上來，她就會說「啊，輸了！」然後結果還真的被逆轉，她就對我說，「你看是不是？」我就說，「妳跟網路鄉民球迷一樣可怕！」，她就會哈哈大笑說，「我就是啊！」，所以後來我就叫她副總（副總教練）。她算是挺專業的球迷了，而且我偶爾會跟她分享一些看法，不過她的命中率也大概只是五五波，所以怎麼能真的聽球迷的意見呢？

我在當總教練時從來不會去看那些網路評論，球隊是我在帶、我在負責，我每天看一定是我自己最清楚，我覺得該怎麼做就怎麼做。總教練要調度一個人，要考慮技術，也要看心理建設和身體狀況。比方說一個先發投手的身體狀況允許，他可以投到一百三十球，你讓他超過一百球，這其實不是在操投手；有的人只有六十球的體力，到六十球你把他換

下來，也不叫提早換下來。

我也都跟球員說，盡量不要去看球迷的評論，那一定會影響心情。每個人看事情，從不同的觀點下去說話，結果就不一樣，喜歡你的，當然就會站在你這邊，不喜歡你的，你怎麼做他都不滿意，很難讓全世界都喜歡你。如果真的要看，就表現好的時候再看，球迷是勝敗論英雄，你表現好，不管喜不喜歡你，一定多數是會寫一些好聽的事，看了心情就會比較好，受到鼓舞就會表現得更好。如果這陣子狀況不好的時候，就不要去看，不要想說看看人家有什麼指教，可以參考一下，不會有幫助的，越看只會心情越差。除非可以練到情緒不受影響，可以被罵時笑一笑就過去，那就可以，但是通常一般人是很難的。

情緒是會影響球員進步的最大阻礙，被批評了情緒就起來，反而無法冷靜思考，自己到底哪裡不好，要怎麼改進。狀況不好應該是盡量去練習，累了就休息睡覺，比較不會胡思亂想。找一些能轉移注意力的事，像我自己以前就是和小孩玩，所以我都鼓勵已經結婚的球員要生小孩，再怎麼不舒服，回去看到小孩子笑就沒事了，不然就是玩一些無腦的手遊，總之就是要讓自己放空跳脫。

我自己可以想辦法不去看，也盡量叫球員不要受影響，但我最擔心這種鄉民文化會改變球團老闆的經營。尤其是有些老闆平時沒有參與球隊運作，沒有下來了解，只看球迷怎麼說，然後每個球員都有粉絲團，大家都在罵，再對照戰績，果然不好，就會相信一定都是總教練的問題。如果老闆有在裡面，很清楚實際的狀況，縱使總教練可能也有不對的地方，球員也有不對的地方，他會客觀綜合地評估，比較不會受球迷影響，分歧就會越來越少，選手和教練就會慢慢趨於一致。我認為經營球團，是要想辦法投資，用好看的球賽和最棒的環境去討好球迷，吸引他們進場，絕對不是聽球迷告訴你該怎麼帶球隊比賽，那會變成本末倒置了。

台灣的職棒走了三十幾年，雖然還有很多進步空間，不過各方面的環境已經變很多了。說個有趣的，以前在兄弟象當選手，上班還要打卡，直到森下教練說，「職業球隊還在打卡？」，我們才不用像上班族那樣的。所以我苦口婆心說了這麼多，也是看好台灣職棒一定有機會成長，期盼大家能一起努力改善，趕快追上國外職棒的腳步，給台灣所有愛棒球的球迷們，一個真正的職業棒球聯盟。

國球，要有國家支持

每次國際賽結束，就會有一堆檢討聲音出來，每當有人問我的意見，我還是會不厭其煩地講很多重覆的話，因為我一直以來對台灣的棒球都非常有信心，只要職棒產業圈的人能繼續努力，還有國家真的有把棒球當成國球看的話，這些檢討就有意義。比方說，台灣過去職棒一直發展不好，有非常大的因素和簽賭有關，而這個問題，現在已經很難發生了。

我在當球員和總教練時都親身經歷簽賭的重傷害，在兄弟時，曾經被黑道挾持，每天提心吊膽過日子，擔心無法保護家人；帶 La New 時，沒有辦法相信任何一個選手，只要球場上有什麼狀況我就換，換到選手都起肖了，和選手的磨擦越來越大，痛苦至極，幸好現在的球員和教練應該不太會需要面對這些事。

簽賭這種東西可以說是職棒發展必經的一種過程，日本、美國也都有發生過，要經過這些陣痛，制度和法律就會成熟起來。只是那個時候中華職棒才剛成立，所以想要關起門來解決，把這件事情蓋過去，這樣只會越來越慘，到最後不可收拾才爆出來。其實職業運動會有賭博行為很正常，是一個很自然的社會現象，有賭才會熱鬧，只是不能讓賭跑進來球場，影響到球員的表現。

防止簽賭絕對不能靠道德觀約束，說球員賺那麼多，不知足還打假球，總統那麼大還不是會貪污？也不能單靠球團去防堵，因為公司不能不尊重球員的私生活，選手要去哪裡、交什麼朋友公司管不著，也沒有公權力，去監聽、錄影來查證，最多就是只能開除，那球團還要自負損失。所以只能靠政府立法幫忙，而且要制定很重的法律來牽制，為什麼要嚴？我們以前遇到黑道，報警後關進去隔天就交保了，有什麼用？像現在立法院通過要關七年以上，靠賭博賺錢的代價變大，自然就沒有人會做了。

有些事情就是需要國家力介入，簽賭很久沒有再起來就是最好的例子。

台灣很在意國際賽，既然國家隊就是代表國家，那政府就應該從政策面去幫助這項運動，國際賽要有成績，就不能忽視了國內的環境。最重要的就是從基層棒球做起，體育署屬於教育部，這是國家力最能夠起作用的地方。

基層組球隊，最大的困難就是場地和經費，如果國家可以廣設社區球場，球隊就有地方可以打球；經費不能一直靠補助，如果所有球隊都跟政府要錢，不可能有那麼多經費去分配，應該要用政策去幫助各級學校的校長，能夠募得更多資金來組織球隊，比方提供企業減稅或是什麼產學交換，讓企業願意挹注資金，才是長久之道。不能只靠熱情，熱情會有燒完的一天，三級棒球不起來，怎麼養出優秀的國家隊。

國家代表隊就要有國家級的待遇，如果棒球真的是國球的話，體育政策有時候要變通，不能訂太死。經營球團有時候就贏在一些小細節，國家代表隊也一樣，像是日本、韓國隊向來都有專屬廚師隨隊，也不會住在選手村，可是台灣的選手，可以隨隊的人員限制一堆，永遠都只能住在選手村，沒有像人家那樣吃好睡飽，十分水準只能有九分的戰力，而短期的賽制有可能就會輸在那一分。

還有就是各種運動項目的總教練，其實是同酬但不同工的，假設帶棒球的總教練和帶足球的總教練一樣一天七百五十元，但是足球隊輸，會被認為是正常，棒球的總教練要是輸了，就要被檢討到祖宗八代。短期賽制一翻兩瞪眼，又要背負著整個國人的期待，棒球總教練壓力絕對是最大的，可是完全沒有相對等的待遇。我以前帶隊一天薪水只有五百元，搭高鐵後坐計程車還不能報帳，說只能報坐公車的錢，真的是做辛酸的。日本隊的總教練壓力雖然也很大，但是他的贏面也很大，奪冠機率非常高，但是台灣輸球的機率相對很高，國人對球隊的期待一樣是要拿金牌，實在是待遇和責任不相符，所以我常開玩笑說中華隊總教練，是台灣總教練的墳場。但我相信那也是每個總教練都會希望當的，因為那是一種肯定，所以壓力再大，榮譽感還是會促使我們願意接下這個職務。只是如果帶一支球隊有五成機率贏球，另五成機率會被罵，我情願，但是有九成機率會被罵，除了榮譽感還能求什麼？

我帶中華隊打北京奧運時，輸給中國那場被罵到翻過去，實力有差距不該輸沒錯，但是和中國隊打球，球員的壓力有多大？因為一定不能輸，很怕輸的話就綁手綁腳、想很多施展不開，怕輸的球隊，就是最弱的球隊。但是講這些都會被當成是藉口，沒關係，我說過「責任我扛」，只是如果要檢討，就要檢討到最核心的問題。每次檢討都是總教練調度有問題、用人時機不對那些，這種戰術面的事就給球迷去檢討；在棒球圈的人，應該要檢

討的是我們的大環境怎麼會這樣，為什麼都沒有進步，沒有足夠多的人才，來跟中國比。每次都要扣一個愛國的大帽子，情緒勒索徵召最頂尖的選手來出賽，應該要想為什麼台灣沒有他們，就不行？代表我們的棒球環境，實力是不平均的，永遠只能靠那幾個人。

棒球人才，有量就有質

人才哪裡來？我已經從二〇〇八年北京奧運重覆講到二〇二三年經典賽了，台灣職棒發展好，人才就有了。像是日本要組國家隊，光是日職就可以組成好幾隊，一到九棒都是各隊的第四棒，就算旅外選手沒回來，實力一樣很堅強。

運動是要倒金字塔，上面要有一個美好的遠景，下面才會拚命打。像台灣的足球為什麼那麼難發展？因為最上頭就沒有球隊，就算小孩愛踢球，家長敢送他們去嗎？高中上來後就沒有球隊了，那過去的努力不就荒廢掉了？要把最上面的環境弄出來，球隊很多，打球的人口多，很多人喜歡看棒球，小孩子就會有一個登上職棒的夢，夢想又是很有機會成真的，家長都會願意自己掏錢來栽培，不是由國家出錢，如果什麼都要靠補助，那國家不出錢他們就不打了啊。

所以國家應該是用政策輔導基層運動，經費反而要花在扶植最上面的職業運動，比方國家一年給一支球隊三億，實報實銷，又可以減稅，很多企業就會願意出來了。六支球隊也才十八億，並不是很誇張的預算，而且國家也不用擔心沒有稅收，選手要繳稅，球迷買東西又會變成消費稅，整個產業弄上來稅收反而更多。

這些想法只要有機會我就會提出來建議，可惜台灣就是太特殊，藍綠會相互反對對方的政策，不管好不好，都很難推動。運動是一個最好調節社會的東西，不應該分藍綠，國際賽時大家最不會分藍綠，所以如果會想的執政者，應該要更努力朝這方面去做，更重視體育才對。體委會變體育署，還降級，別的國家是體育的角色一直在往上。我們國家有一首歌就在講體育的重要了，「強國必先強種」，身體健康不是就應該先運動嗎？每次有大比賽就講的多重視多支持，說棒球是國球，但其實都是口惠而實不至。

我最後一次當國手在釜山亞運的時候，蹲捕接王建民的球，發現他的直球與變速球都非常好，我就心想這個球員怎麼會上不了大聯盟，果然隔年就升上去了。從他的職業高峰到退下來的過程，台灣永遠會有一個聲音是「下一個王建民在哪裡？」我都會說，下一個王建民不要用找的，這樣是海底撈針，要讓他自己浮上來比較快。在我那個年代，是因為威廉波特那些國際賽的表現，棒球才開始發展起來，就有我們第一批打台灣職棒的人才出來。之後會有王建民、郭泓志這些優秀的選手，就是因為他們出生在中華職棒最熱的年代，父母親看到孩子喜歡棒球、投入棒球是有未來的，就不會阻撓。但是後來職棒因為簽賭案，經過很長一段時間的低潮，所以那段時期出生的孩子，除非真的很不會讀書、家境有困難的人才會打棒球，以前是上千人選出一個王建民，後來只有上百人當然就比較難選出王建民，所以就造成斷層。

棒球就是要先有量，才會有質，要像日本甲子園那樣，高中球隊有四千多隊，裡面可能有八千個投手，其中只要百分之十，也就是有八十個人，球速可以投到一百五十公里的話，再從裡面挑出變化球得還不錯的，又有四十個人，再精進出二十個人是球速快、變化球多、控球又好的，這二十個人中之龍再競爭，就會出現達比修有和大谷翔平這種神級大物了。我常常開玩笑說，日本選到最後還可以挑長相，帥的才可以，醜的都不能來打。

對比台灣的黑豹旗，看起來比較像樣的球隊，可能要到十六強，十六隊和四千隊比，人才來源真的差太多。不過台灣還是可以出現張育成和林子偉，就表示我們真的沒有那麼差，這幾年職棒終於慢慢又復甦了，帶動基層棒球的風氣，現在喜歡看球的孩子、打社區棒球的人變多了，也許過個三、五年，就又會再浮現出人才。

不過台灣還有一個問題，因為人才少，好不容易出現一個可以投到球速一百五十公里的，就趕快保護起來，沒有讓他像甲子園那樣去磨練、去競爭，然後就送去美國了。他可能有那個技術實力，但是他的心理素質還不夠強，在台灣感覺不錯，到美國就掛掉了，因為那是一個高強度的環境，要和一堆都可以投那麼快的人競爭，沒有磨過就很容易倒。小聯盟體系又是放牛吃草，沒有人逼，沒有很高的自主性，一休假就真的休息，沒有自主訓練，競爭力就更差。

能旅外的球員，技術其實不會比較差，可是在國外就變成一個外籍球員，要和其他國

家來的選手競爭。但是國外的環境和台灣差太多，我們隊伍太少、太熟悉彼此，旅外就是對所有人都陌生。比方說野手，在台灣只要研究幾十個投手，但在國外，要研究上百個投手，那投手要研究的打者數量，就更不用說了，但是所有人都只要研究你一個新人，當然就很容易。所以是需要時間去適應的，得失心絕對不能太重，表現不好導致心理調適不來，想太多就變得太複雜，就會變惡性循環。所以還是那句話，職棒隊伍多，磨練技術和心理的機會就會多，人才才能精實。

台灣得改變的最後一個問題就是，我們的文化向來是「萬般皆下品，唯有讀書高」的觀念，運動到最後，大家技術都差不多的時候，還是要拚腦袋。但是台灣反而是認為不會讀書，才要去當運動員，事實上是會讀書、頭腦好的人來運動，他的能力是會更好的。以前台灣是不可能出林書豪這樣的選手，都可以上哈佛了，怎麼可能讓你去打籃球？但是在美國當NBA球員的收入，不一定會比投入其他職場的哈佛畢業生差，當然就可以養出林書豪。所以現在台灣出現台大畢業的藍翊誠，也許就是一個代表家長可以相信台灣職棒，會往好的地方發展的指標。

現在台灣的國家代表隊真的很辛苦，不像我小時候可以出國比賽真的很好玩，國家知道我們出國的機會少，一定會安排時間旅遊，現在的選手就是比賽前一、兩天才飛去適應一下時差，比完賽隔天、甚至可能當天就回來。國手待遇沒有增長，但是國人對球隊表現的期待值，從來沒有降下來過。

我對中華隊總教練這個職位，一直是又愛又怕受傷害，但是人就是會有一種期待想說「我可以，我應該不會那麼衰吧？」接了以後又壓力大到不行，真是自討苦吃。希望國家有一天真的能把棒球看成國球來推動，讓台灣以後的總教練能像日本隊的總教練那樣，可以選的好手多到滿出來，最後還可以挑長相，一起帥氣地去到國際舞台上，拿一座國人夢寐以求的世界冠軍回台灣。

◆ 球隊需要時間經營慢慢建立自己的文化，不能想著要拿冠軍，把所有厲害的人都買進來，不行就一直換總教練，總教練才剛要了解這間公司和這支球隊的型態就被換掉了，球員也不會尊重和在意總教練的領導，那就一直沒辦法形成一個球隊的文化。

◆ 球團老闆不要一直想著經營球團就是賠錢，要想著這只是在花錢，花錢是一種投資，好好經營一定會有回收，職棒成功有三大要素，球隊多、洋將多、球場好，這些只要老闆願意投資就做得到。

◆ 職業球團要一直易主才會壯大，這個公司經營不下去就自然淘汰，來接的一定是體質比它更好的才會來接，讓大小市場球隊都有，花多錢的球隊比較常拿冠軍，小市場球隊偶爾也會拿個冠軍，才是對的狀態，這樣大家都會想玩。隊伍變多，選手市場就比較活絡，對戰組合有變化，球賽多樣，球迷看的會比較刺激，比較有新聞性。

◆ 基層組球隊，最大的困難就是場地和經費，國家廣設社區球場，球隊就有地方打球；

經費不是用補助的，而是用政策去幫助各級學校的校長，能夠募得更多企業挹注的資金來組織球隊，才是長久之道。

- 棒球真的是國球的話，體育政策要變通，棒球隊在所有運動項目裡的壓力絕對是最大的，不能沒有相對等的待遇。
- 國家補助經費給職業球隊或提供減稅優惠，很多企業就會願意出來了，不用擔心沒有稅收，選手要繳稅，球迷買東有消費稅，整個產業弄上來稅收更多。
- 運動是一個最好調節社會的東西，執政者應該要更重視體育，「強國必先強種」，身體要健康就應該先運動。
- 棒球要先有量，才會有質，人才來源多，頂尖好手自然會因競爭而出現。

EXTRA

副總的指教

爸爸是我人生的總教練

爸爸的陪伴與身教

他是一個很給我們三姊妹自由空間的爸爸，像我們讀什麼科系，或是工作的選擇，他都很支持我們，頂多會給一些建議說怎麼樣做會更好，但他不會真的管我們，決定權都在我們自己。包括我曾經去球場賣鬆餅，或是現在在學校兼課又在咖啡廳工作，他都很鼓勵我去做自己想做的事，他覺得我們年輕，可以去嘗試一些不一樣的東西。

爸爸對我們的課業也沒什麼要求，小時候功課這方面比較是媽媽在處理，爸爸只有一直跟我們強調要學好語文。我也覺得這件事真的很重要的，像我大三要申請去美國餐廳實習時就比較容易，我還有學一點日文，後來因為咖啡廳還有兼賣服飾，需要去日本帶貨，都可以派上用場。還有我其實很不喜歡運動，但因為從小爸爸就要我們學游泳，至少還有一個能強身的方法，而且體育這方面爸爸只有游泳很不行，所以我常說我只有游泳可以贏過他。

爸爸因為工作關係常常不在家，媽媽真的很強，一個人要照顧三個小孩，所以相對比較嚴格管教，但也不是說多嚴格，她只是和爸爸一樣，比較在意一些品格上的事，像是基本的禮貌。我在咖啡廳工作，老師就說他請過很多學生來店裡幫忙，他覺得一個人的家教如何，在工作上很明顯就可以看得出來的，比方和客人的應對，所以在這方面爸媽給我們的觀念，對我們都是很好的。爸媽總是說我們很乖，像我們出門看到有小孩哭鬧，媽媽就會說這在我們小時候幾乎沒有發生過，我覺得不是我們乖，是因為他們教得很好，他們很愛我們，也都不會用打罵的，就是身教吧。爸爸是很自律的人，所以我們也成為很自律的小孩，不該做的事我們不會做。

小時候雖然爸爸很忙，但我們三姊妹學校的活動，他都會盡可能參加，去幫我們拍拍照什麼的，也時常在休假時帶我們出去玩，所以我們成長過程中不會有什麼父親缺席感。以前我們在高雄，爸爸在桃園，他晚上都會打電話回家和我們聊天，而且基本上他是只要一放假，就會回家。包括現在換成他去高雄，我們在桃園，也是這樣。台鋼雄鷹隊在二軍的比賽，不見得都有轉播，可是我都會看文字轉播，所以我也會打給他，聊聊今天的賽事，我們就是一直都保持這樣的連結。

我們三姊妹對於自己是洪一中的女兒這件事，一直很低調，但因為爸爸都會來學校參與活動，所以還是會有老師或是同學家長知道，不少人是他的球迷，會來拍照要簽名什麼的。還有畢竟身分證上面一看就知道，所以我去工作主管一定都知道。不過大部分的人都很客氣，也不會說什麼，反而是我會給自己一點壓力，我會覺得別人可能會說我是洪一中的女兒，會去討論我表現怎麼樣，或是說一些有的沒有的。

我會給自己壓力，是因為爸爸在棒球界真的是一個很優秀的人，很多人在和我提到他的時候，都是在講他多厲害。我覺得爸爸真的很不容易，要在職棒場上這麼久的時間，還能讓很多球迷能一路支持到現在。

從女兒升格「副總」

小時候沒有那麼懂棒球，因為爸爸到 Lamigo 桃猿隊以後，球迷看棒球的方式和以前比較不同，會跳舞加油很熱鬧，我就覺得看棒球還滿好玩的，剛好有同學是喜歡 Lamigo 桃猿隊的球迷，就會跟著一起去球場看。所以對爸爸在棒球這個領域的認識，是從總教練開始的，但偶爾會聽媽媽或是舅舅們分享他球員時期的事，有時候也會聽到學校老師說以前有看爸爸打球，都會說他真的很厲害。

我有一個老師的學生，就是很死忠地支持爸爸，爸爸轉隊或是經歷一些風波的時候，他都會透過老師傳達一些鼓勵爸爸的話。我也知道有一個球迷非常支持爸爸，從球員時期開始就一直跟著爸爸轉隊，我看了覺得很感動，畢竟我們是家人，當然爸爸到哪我們就支持到哪，但球迷不是，所以會覺得爸爸能有這些球迷，真的很不容易。剛開始跟同學去看球時，我都沒有讓他們知道我是洪總的女兒，但是很久以後，和我很熟的朋友自然而然會知道，然後就也變得是爸爸去哪裡，他們就一起跟著換隊，我也很感謝他們願意這樣支持，雖然可能是因為他們是我的好朋友，但如果爸爸不是一個值得追隨的總教練，他們應該也不會這樣。

爸爸是不是諸葛紅中我不敢說，但我不得不說，他在棒球規則上真的很厲害，就算表面上他不會說出什麼條文內容，但實際上他的腦袋裡都非常清楚這一切，所以當他要去和裁判理論時，他都有自己的一套，這真的是很厲害的地方。

另外就是雖然爸爸嘴上常會說，有些東西很難教，當總教練很難把自己的經驗講給別人聽，或是很難去改變一個人的習慣。但是他每次來跟我們說，某個球員表現不好很久一段時間了，媽媽可能就會說，「那你應該去跟他聊一聊啊」，他就會回，「那很難聊」、「用說的沒有用」什麼的。但是一旦他去找那個球員聊，那個球員就真的會好轉了，他實際講了什麼我們不知道，但是很常會有這種事發生，我就覺得他其實很有辦法。

爸爸去帶台鋼雄鷹隊以後，很多以前帶過的球員遇到他，都會過來和他聊天，會懷念爸爸以前在帶隊時候的教導，他們可能都是在很多年以後，才理解到爸爸當初的方式是正確的。爸爸是一板一眼的人，他覺得必須要去管球員，以前也不像現在還會和球員開開玩笑，所以一定會被討厭。而且我們一般人在外面工作，要做到人人都喜歡也很難，現在他能做到這樣讓大家想念他，也是很難能可貴的事。

爸爸會叫我「副總教練」，是因為我以一個普通球迷的身分，看比賽的時候，難免對他會有一些「批評指教」。我在賽後會以球迷的思考方式追問他，從很不懂棒球，到後來比較有概念以後，一直都是和一般球迷一樣，會問他差不多的問題，也會提出我的看法，像是「某某球員很爛幹嘛派他啦！」或是「為什麼要在這個時候換這個投手？」而且我就是會事後諸葛，如果換投最後輸球，就會跟他說「就跟你說不該換吧！」就是標準的酸民。

有時候爸爸會和我解釋，講到後面我就慢慢了解為什麼。比方只剩一個出局數，或是投手只投了一局，用球數也不多，表現也還OK，感覺還能投，但為什麼還是把他換下去？這類的問題是我剛開始看球時，很常問爸爸的。他就會一直跟我說一個觀念，說這沒有辦法，這就是正常的調度，不能用一次比賽的結果來看，後來我也漸漸可以理解，或許讓那個投手繼續投，也可能會發生什麼問題。

有時候我們一起看別人的比賽，比方說有一方換了某個球員上來，爸爸看了一下現在的投手和現在的打者，可能就會說，「這局就到這，不會再得分了」，或是「這樣會再得分喔！」之類的判斷，通常都滿準的，這部分我也覺得他真的很厲害，對於所有球員的習性和數據，都了解得很透徹。

以一個球迷的角度來看，雖然偶爾還是會因為輸球忍不住酸爸爸，但心裡是很佩服他的，也都理解他為什麼這樣做。所以每次手機打開看到球迷講的話，都會很生氣，有時候在學校，雖然說很少，但是如果聽到有人說爸爸怎麼樣，我就會很不開心，就會和我朋友說，「那你去叫他來跟我講！」我常說講我怎樣都可以，但不要去批評我爸，因為不是在那其中的人，很難真的去了解，躲在鍵盤後面批評都很容易。不過我是不會和對方筆戰，當然如果是自己身邊的朋友，就一定會盡量去解釋爸爸為什麼會這樣做。

不過如果看到有趣好玩的留言，就會分享給爸爸，像是「跨欄」就很經典，可以跨到現在也真的很厲害啊。或是有什麼表情包，我會截圖傳給他看，虧他一下。

雖然我能理解媽媽擔心爸爸的健康，不希望他再當總教練，因為當總教練壓力真的很大，會希望爸爸去找個學校教學生就好。我也知道棒球不是一個個人運動，是一個團隊一起努力的結果，但畢竟爸爸能拿到那麼多勝，還是很不簡單，所以我身為他的女兒兼球迷，一定會很希望他拿到一千勝，會覺得放棄挑戰紀錄真的很可惜。

所以爸爸能到台鋼雄鷹隊執教，我真的很高興，很希望他們上一軍後，有很好的成績，把洪總的勝場紀錄延續下去，當然爸爸都會說他不在意這些，但是「挑戰千勝」是副總對總仔最大的期許。

二〇一七年拿下執教生涯七百一十六勝，成為台灣職棒史上最多勝的總教練，「副總」小女兒成獻花嘉賓；那年洪總也率領 Lamigo 桃猿包辦上、下半季冠軍及年度總冠軍，成為三連霸王朝的開端。

二〇一九年率領 Lamigo 桃猿勇奪上半季冠軍，球隊連五個半季封王，洪總也重溫年輕歲月，開心秀舞技。

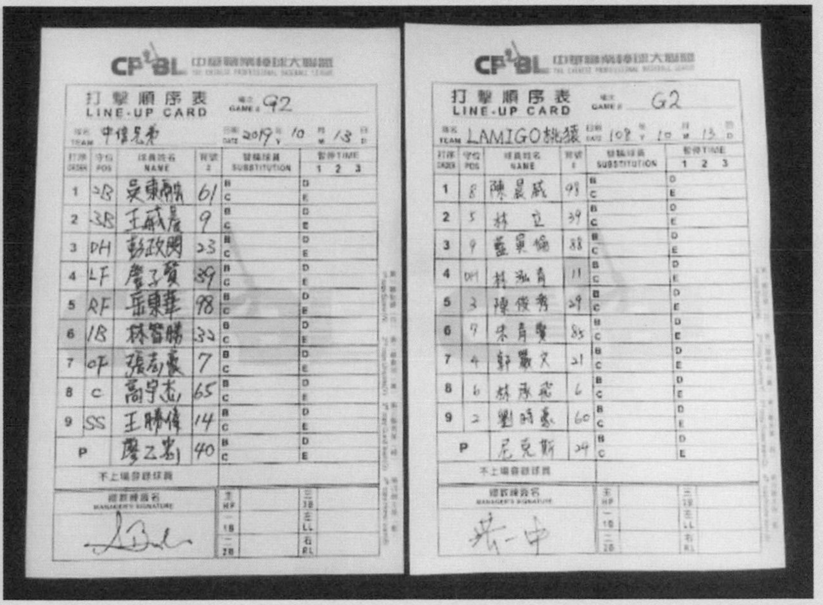

CPBL 中華職業棒球大聯盟

打擊順序表 LINE-UP CARD 場次 GAME # G2

隊名 TEAM 中信兄弟 日期 DATE 2019 年 10 月 13 日

打序 ORDER	守位 POS	球員姓名 NAME	背號 #	替補球員 SUBSTITUTION	暫停 TIME 1 2 3
1	2B	吳東融	61	B C	D E
2	3B	王威晨	9	B C	D E
3	DH	彭政閔	23	B C	D E
4	LF	詹子賢	39	B C	D E
5	RF	岳東華	98	B C	D E
6	1B	林智勝	32	B C	D E
7	CF	張志豪	7	B C	D E
8	C	高宇杰	65	B C	D E
9	SS	王勝偉	14	B C	D E
P		廖乙忠	40	B C	D E

不上場登錄球員

總教練簽名 MANAGER'S SIGNATURE

主 HP / 一 1B / 二 2B / 三 3B / 左 LL / 右 RL

CPBL 中華職業棒球大聯盟

打擊順序表 LINE-UP CARD 場次 GAME # G2

隊名 TEAM LAMIGO桃猿 日期 DATE 108 年 10 月 13 日

打序 ORDER	守位 POS	球員姓名 NAME	背號 #	替補球員 SUBSTITUTION	暫停 TIME 1 2 3
1	8	陳晨威	98	B C	D E
2	5	林立	39	B C	D E
3	9	藍寅倫	88	B C	D E
4	DH	林泓育	11	B C	D E
5	3	陳俊秀	29	B C	D E
6	7	朱育賢	85	B C	D E
7	4	郭嚴文	21	B C	D E
8	6	林承飛	6	B C	D E
9	2	劉時豪	60	B C	D E
P		尼克斯	24	B C	D E

不上場登錄球員

總教練簽名 MANAGER'S SIGNATURE 洪一中

主 HP / 一 1B / 二 2B / 三 3B / 左 LL / 右 RL

有洪總簽名的二〇一九年總冠軍賽第二戰先發名單，這個系列洪總就只輸掉這場比賽，Lamigo 桃猿最終四勝一敗順利三連霸。

洪總（左）受到前 Lamigo 桃猿領隊劉玠廷（右）相當的信任，打造出十五年七冠的職棒勁旅。

兄弟飯店洪家老大洪騰勝（右）和被暱稱為「洪老六」的洪一中，兩人在結束主僱關係多年後重新聚首。

中華職棒盼來第六隊——台鋼雄鷹，而中職最多勝的「辣個男人」洪一中（右二）則成了這支新球隊首任總教練。

洪總一直想帶領三級棒球隊，而年輕的台鋼雄鷹，有許多剛從高中畢業的青棒好手，剛好可以滿足他培育下一代新人的願望。

連續蹲捕兩千局，連續四年全勤出賽，「鐵捕」洪一中的這些紀錄，需要強大的心智和體能。

球員時期吃了許多苦，讓洪總更深刻體會練習的重要性，體能絕對是職棒選手訓練相當重要的一環。

奧運是棒球的最高殿堂，一九八八年的漢城（首爾）奧運，是洪一中當國手打奧運的初體驗。

二〇〇一年世棒賽在台灣，四十歲的鐵捕洪一中（前排右二）仍是國家隊主戰捕手，這次台灣奪得季軍，受到總統府接見。

後記

「洪一中人生管理學」修課心得

陳祖安

從旁聽選課到埋首研究

「要是年輕時有人跟我說，三十年後我在台灣棒壇能有一席之地，還可以出書，打死我都不會相信。」和洪總聊天時，他常會做這個結論。我總是很想回他，「要是年輕時有人跟我說，三十年後我能和洪一中一起出書，也是打死我都不會相信。」

我是一個老龍迷，自學生時期開始就一直坐在兄弟象的對立面，對於黃杉軍的當家鐵捕，自然只有無限地討厭。而後因為簽賭案而遠離球場，再回來關心台灣職棒時，已經成為新猿迷，但我是從桃猿隊轉賣給樂天後，才開始認真看，完全錯過了諸葛紅中最輝煌的歷史，對洪總的認識只有很淺薄的九百九十一勝、十二強總教練、跨欄以及網路酸民的一些批評指教。

所以當出版社來找我時，我完全沒有自信能夠勝任，不但對「洪一中」這三個字不夠了解，我也不是出版界常見的運動員傳記作家人選，像是體育記者、專業棒球評論或是棒球產業從業人員；我只是很喜歡看棒球，甚至因為喜歡而去世界各地看運動賽事，然後把這些經驗寫成幾本書，勉強稱得上是運動迷作者。我只是喜歡運動，以致於很想更了解這個產業，而在四十多歲時提著老花眼鏡跑去讀運動管理研究所，寫了一本關於球團經營管理的論文，是一個有多做點研究的熱血球迷而已。

出版社主編說：「沒關係，先跟我們一起去和洪總聊聊再說。」可以和即將挑戰千勝的傳奇教頭見上一面，不管有沒有自信，我當然不會錯過這個旁聽的機會。於是我急就章查了些資料，帶著忐忑又興奮的心情，和洪總第一次會面。

簡單自我介紹後就對洪總從實招來，說明自己的背景不一定是適合的操筆人選，但說完了又很後悔，既然覺得自己不ＯＫ，那幹嘛來這裡浪費洪總寶貴的時間？以為是球迷見面會嗎？（是。）沒想到洪總完全不介意，還笑笑安慰我說，「妳擔心，我也很擔心啊！

我擔心自己根本沒有什麼好寫的。」

聽我聊到自己當初因為簽賭案而不看球，洪總就開始從打假球講到職棒經營，分享了他的一些看法，這中間一直金句連發，我趕緊拿出筆記本記下重點，只恨沒帶錄音筆來完整收錄。但是洪總一邊聊，又一邊說，「我這個人很無聊，就是家裡到球場、球場到家裡這樣，沒什麼好寫的啦！」後來我實在忍不住沒禮貌對洪總說：「你怎麼會沒有什麼好寫的，你可以寫的事太多了。」

幸好和洪總見面前有做點功課，知道洪總愛家疼女兒，所以又再追問了他關於家庭的事。洪總為了描述自己有多愛回家，就分享了某次去劉保佑老闆家做客，一直偷看手錶，急著想趕回家的往事。這個時候，我腦中已經構思好書的第一篇要寫什麼了！

回到家我立刻告訴出版社，如果洪總願意，我非常想與他合作完成這本傳記，我想把洪總腦子裡那些人生哲學、管理觀念和對棒球產業的想法全挖出來，讓更多人知道。就像是在學校旁聽完知名教授開的熱門課一樣，我不但幸運選到課，還可以一對一先修，我就這樣開始研修起「洪一中人生管理學」。

我的第二本論文

抱著學習的心態來上這堂課，我告訴自己，不夠懂球場上的洪一中沒關係，那些網路上查得到事情就當是重要的參考資料，大家都查得到的事實在無須多做著墨，重點是要把查不到的部分盡量挖出來，洪總信手拈來就是至理名言，一定會有挖不完的寶；加上我更想寫的是球場外的洪一中，因為我相信無論自己是為人母、主管或球迷，處於任何角色都能從他身上得到啟發。帶著這份信念我進行了將近一年的訪談和整理工作，而撰寫書稿的同時，我自己的生活經驗完全印證了當初我的直覺。

這本書根本是我的人生指南論文。

當洪總分享他的人生哲學和對三個寶貝女兒的教養觀，身為一位母親，以及身邊同樣有個女兒傻瓜的老公，我非常有共鳴，也經常應用在育兒生活中。剛升上小三的女兒，對突然增加的課業壓力感到緊張時，我想到可以參考洪總的妙方，就對女兒說，「會緊張是好事，表示妳在乎，緊張時就把它講出來，多講一講就沒事了。」我請女兒在睡前，把床

邊的玩偶都拿起來說「我很緊張」，將不安的情緒一一發洩給它們，隔天早上，她果然就帶著笑容背起書包輕鬆上學去了。

當洪總談到球員時期的工作態度和執教經驗，曾經是員工，後來當上主管的我，經常點頭如搗蒜，好希望我以前的老闆主管、同事夥伴全部都來聽一聽。洪總可以寫的事太多，多到在整理書稿時，難免會發懶想逃避，於是我想起他說：「人一定會有惰性，做與不做就差在一念之間，如果不勉強自己做該做的事，就很容易放棄。」一想起自律洪總的告誡，我就會從沙發跳起來，回到書桌前乖乖寫稿。

我的姊姊也是下屬眾多的主管，來電向我吐露處理內部人事困擾時，我馬上向她分享洪總的帶兵哲學，「帶人帶心的選擇如果陷入兩難，就想想，公司請妳來，是來贏得業績，還是來贏得人心的？」姊姊有沒有被安慰到我不知道，但講這話的同時，我自己就對過去工作的遭遇能夠釋懷了。

當洪總苦口婆心說出他對台灣棒球產業發展的看法，身為球迷的我超希望所有執政者、球團老闆、聯盟，都能夠實現這些理念。而我這個資（戰）深（績）球（酸）迷（民），也變得越來越有同理心，因為每當我忍不住對教練調度有意見的時候，就會聽到洪總的聲音：「棒球是失敗率很高的運動，太難掌握，總教練是沒有教科書的，要是可以預先知道換這個人會輸球，當然打死也不會換。」就像洪總鐵粉說的：「台灣職棒沒有洪總就不好玩了！」台灣棒壇一直有洪總這樣的人存在，讓我對台灣棒球前景充滿信心，他三十多年的貢獻，不管是對職棒、國家隊的球員、教練，甚至是球團、產業都有深遠的影響，而且影響會一直延續下去。看到二〇二三年U－18世界盃棒球賽，台灣小將的精彩表現，我都會想到洪總的預言，心想「下一個王建民就要浮出來了」，不過我更期盼未來能有更多「洪一中」冒出來，那麼台灣棒球一定會更強大！

很希望讀者讀完這本書，都和我一樣有滿滿的收穫，向洪總學習，好好管理自己的人生。

給指導教授們的謝辭

這本書還沒印出來之前，我還是覺得自己在做一個「打死我也不會相信的夢」，能夠

和洪總一同完成這趟奇幻旅程，要特別謝謝一路幫助我的「指導教授們」。

首要謝謝我當球迷及求學人生的偶像兼貴人，曾兄文誠。從一開始約洪總喝咖啡敘舊，讓我得以取得洪總的信任，到整個寫稿過程，給我非常多有用的建議和提供珍貴資料，還相挺寫了推薦長文，是這本書誕生的超大咖推手。

謝謝彥如的引薦並時常給我寫作信心，謝謝編輯大大顏聿和泰斗，讓我有充分的自由創作。謝謝願意受訪的洪總家人和球迷朋友，感謝洪太太的付出與愛，讓台灣棒壇能有洪總這樣的指標人物；感謝「副總」幕後甜蜜監督，讓洪總永遠有動力走進球場；感謝球迷們給我鍵盤外真實的回饋，很享受和同好們一同回味生命中各種棒球故事，我現在也是紅中組了！

謝謝老公的大力支持與陪伴，還有可愛的女兒，讓媽媽知道自己為誰而戰。謝謝寫作過程給予過建議和鼓勵的朋友們，以及為書代禱的小組成員，感謝主引領我前進的道路。

最後當然最要謝謝洪總，願意對我充分信任、知無不言，讓我金句抄不完、點頭點到頭很痠。很懷念每週一次的上課時光，總教練沒有教科書，但是「洪一中人生管理學」讓我個人受用無窮。

我和洪總一樣不太關心他是否能拿到千勝，因為紀錄就跟洪總「跨欄」一樣，必定可以輕鬆做到。我只和洪太太一樣在意洪總的身體，希望洪總不要這麼想贏，少「勉強自己」一點點，為他最愛的家庭和台灣棒壇，保持健康、做到盡。

附錄

洪一中生涯大事紀

年度	年齡	重要事件
一九六一	〇	五月十四日出生於高雄市鼓山區。
一九七三	十二	加入鼓山國小少棒隊（高雄飛獅隊）。
一九七四	十三	進入美和中學就讀，度過青少棒和青棒生涯。
一九七六	十五	入選世界青少棒錦標賽中華隊，為棒球生涯首度入選國手。
一九七九	十八	入選世界青棒錦標賽中華隊。 進入輔仁大學棒球隊（葡葡王），並參與二十一局史詩級比賽。 轉至文化大學棒球隊（味全）。
一九八三	二十二	服兵役，進入空軍虎風棒球隊。

一九八五	二十四	加入業餘兄弟飯店棒球隊。
一九八八	二十七	與妻子結婚。 入選世界盃、漢城奧運中華隊。
一九八九	二十八	大女兒出生。
一九九〇	二十九	中華職棒聯盟開打，成為職棒兄弟象隊創隊成員。
一九九二	三十一	隨兄弟象隊獲得隊史首座總冠軍。 生涯首獲最佳十人捕手獎（當時為最佳九人，無指定打擊獎）。
一九九三	三十二	二女兒出生。 擊出中職編號第一千及一千零一支全壘打。 兄弟象隊二連霸，獲選總冠軍賽ＭＶＰ。 生涯首獲捕手金手套獎。
一九九四	三十三	生涯首獲單月ＭＶＰ。 隨兄弟象隊獲得總冠軍三連霸。

一九九六	三十五	連續蹲捕達兩千局。 遭遇黑道挾持事件。 連續四年全勤出賽。
一九九七	三十六	轉檯至台灣大聯盟，加入高屏雷公隊。 小女兒出生。 父親病逝。
二〇〇一	四十	兩聯盟合計千安達成。
二〇〇二	四十一	入選釜山亞運中華隊。
二〇〇三	四十二	台灣大聯盟遭合併，結束職棒選手生涯。 入選世界盃中華隊教練團（總教練為楊賢銘）。
二〇〇四	四十三	加入 La New 熊隊，擔任投捕教練。 總教練大田卓司辭職，接任 La New 熊總教練，首場執教即首勝。
二〇〇六	四十五	率領 La New 熊隊奪得總冠軍，並獲得亞洲職棒大賽亞軍。
二〇〇八	四十七	獲選八搶三北京奧運資格賽中華隊總教練，為首度擔任國家隊總教練，並贏得北京奧運參賽資格。

		獲選北京奧運棒球中華隊總教練，為史上首位球員、教練生涯皆參加奧運者
二〇〇九	四十八	La New 熊隊多位球員涉入假球案遭開除。 因戰績不佳與假球案影響請辭總教練。
二〇一〇	四十九	擔任 La New 熊二軍總教練。
二〇一一	五十	La New 熊更名為 Lamigo 桃猿隊，重返一軍接任總教練（季中球隊舉辦「一日總教練」，由林泓育代理執教一場）。
二〇一二	五十一	Lamigo 桃猿二十四比五擊敗興農牛隊，創下中職單場最高得分紀錄。 率領 Lamigo 桃猿隊贏得總冠軍，為重返總教練職務後首座總冠軍。
二〇一四	五十三	率領 Lamigo 桃猿隊贏得總冠軍。
二〇一五	五十四	總冠軍賽第六戰「跨欄」救明星（隔日明星投出無安打比賽），率領 Lamigo 桃猿隊二連霸。
二〇一六	五十五	獲選中職日職對抗賽中華隊總教練。

二〇一七	五十六	獲執教生涯第七百一十六勝，成為中職史上最多勝總教練（原紀錄為徐生明總教練）。 Lamigo 桃猿二十四比四擊敗富邦悍將隊，追平中職單場最高得分。 率領 Lamigo 桃猿包辦上、下半季冠軍，並贏得執教生涯第五座總冠軍，成為中職史上最多冠軍總教練（原紀錄為呂文生總教練）。
二〇一八	五十七	達成中職首位八百勝總教練。 Lamigo 桃猿再度包辦上、下半季冠軍，並贏得總冠軍二連霸。
二〇一九	五十八	母親病逝。 Lamigo 桃猿獲得隊史首度三連霸。 獲選世界十二強棒球賽中華隊總教練。
二〇二〇	五十九	接任富邦悍將隊總教練。 達成執教生涯九百勝。 獲頒體育署運動精英獎。
二〇二一	六十	獲選東京奧運六搶一資格賽中華隊總教練，但因疫情中華隊未參賽。 請辭富邦悍將總教練，轉任顧問。

二〇二二　六十一　獲頒美和中學傑出校友。
二〇二三　六十二　接任台鋼雄鷹隊總教練。

勉強自己，我才會是洪一中

The Game Changer:
The Ethos of I-Chung Hong

作者：洪一中、陳祖安｜主編：鍾涵瀞｜特約副主編：李衡昕｜行銷企劃總監：蔡慧華｜行銷企劃專員：張意婷｜視覺：白日設計、薛美惠、楊康攝影｜照片提供：洪一中、台鋼雄鷹（P.347）、自由時報（P.22-23、P.100、P.232-233、P.344）、中央社（P.345、P.346）｜資料提供：曾文誠｜出版：感電出版／遠足文化事業股份有限公司｜發行：遠足文化事業股份有限公司（讀書共和國出版集團）｜地址：23141 新北市新店區民權路108-2號9樓｜電話：02-2218-1417｜傳真：02-8667-1851｜客服專線：0800-221-029｜信箱：sparkpresstw@gmail.com｜法律顧問：華洋法律事務所　蘇文生律師｜EISBN：9786269771219 (EPUB)、9786269771226 (PDF)｜出版日期：2023年10月｜定價：600元

國家圖書館出版品預行編目(CIP)資料

勉強自己，我才會是洪一中, 洪一中、陳祖安作. -- 一版. -- 新北市 : 感電出版 : 遠足文化事業股份有限公司發行, 2023.10
368面 ; 16×23公分

ISBN 978-626-97712-0-2(平裝). --
ISBN 978-626-97712-3-3(平裝限量版)

1.CST: 洪一中 2.CST: 職業棒球 3.CST: 運動員 4.CST: 回憶錄

783.3886　　112013744

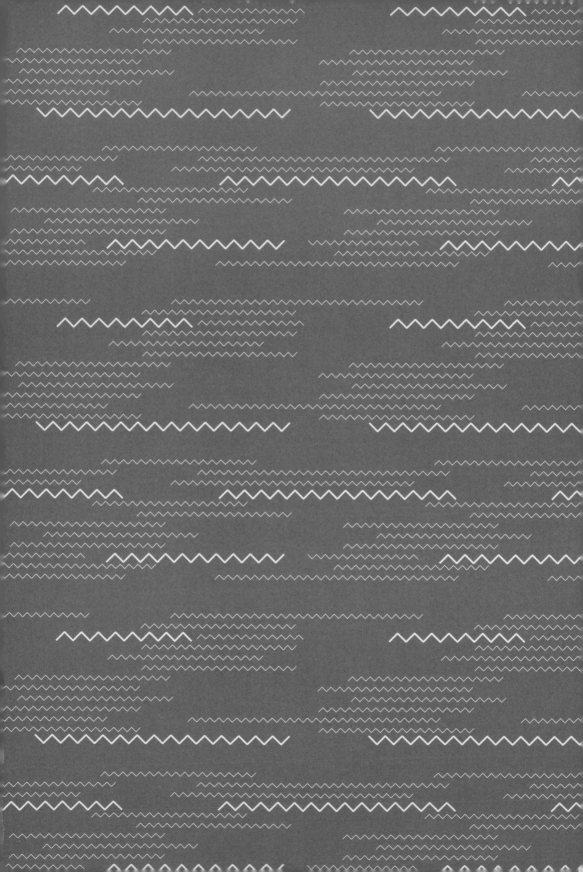